二十一世纪普通高等教育人才培养“十三五”系列教材

纳税申报应用能力训练

Nashui Shenbao Yingyong Nengli Xunlian

主　编　范时云
副主编　何德萍　谭洪益　王爱光　吴　妙

西南财经大学出版社
中国·成都

图书在版编目(CIP)数据

纳税申报应用能力训练/ 范时云主编 .—成都:西南财经大学出版社,2021.8
ISBN 978-7-5504-4925-1

Ⅰ.①纳… Ⅱ.①范… Ⅲ.①纳税—税收管理—中国—教材
Ⅳ.①F812.423

中国版本图书馆 CIP 数据核字(2021)第 113322 号

纳税申报应用能力训练

主　编　范时云
副主编　何德萍　谭洪益　王爱光　吴妙

策划编辑:李特军　李晓嵩
责任编辑:李特军
封面设计:张姗姗
责任印制:朱曼丽

出版发行	西南财经大学出版社(四川省成都市光华村街 55 号)
网　　址	http://cbs.swufe.edu.cn
电子邮件	bookcj@swufe.edu.cn
邮政编码	610074
电　　话	028-87353785
照　　排	四川胜翔数码印务设计有限公司
印　　刷	成都市火炬印务有限公司
成品尺寸	185mm×260mm
印　　张	11.25
字　　数	256 千字
版　　次	2021 年 8 月第 1 版
印　　次	2021 年 8 月第 1 次印刷
印　　数	1— 3000 册
书　　号	ISBN 978-7-5504-4925-1
定　　价	38.00 元

编审委员会

序

2015年，教育部发布《关于引导部分地方普通本科高校向应用型转变的指导意见》（教发〔2015〕7号）。自此，我国高校教育工作者对如何办好应用型本科教育进行了不懈的探索。从宏观层面看，他们对应用型本科办学定位、办学指导思想和办学理念等方面进行了理论研究和实践探索；从中观层面看，他们对应用型本科的人才培养理念、人才培养目标定位、人才培养模式、人才培养规格、人才培养方案设计、产学研合作等进行了研究与实践；从微观层面看，他们对应用型本科专业教学模式、课程设计、教学方法、教材开发、实践教学等进行了创新研究与实践。这些研究与实践，在一定程度上统一了教师教育教学思想，有效推进了应用型本科高校教育教学改革、办学成果的形成和办学特色的培育。

目前，在应用型本科教育教学中，还存在不少需要深入研究与不断实践解决的问题，如①实践教学仍然落实不到位、效果不佳的问题，教师教学理念有待进一步更新。不少教师虽然口头上重视实践教学，但由于其所受教育以理论教学及其研究为主，于是自觉不自觉地以理论教学为重，将实践教学当作理论教学的补充和附属，其结果是学校实践教学的内容大多是对理论知识的验证，并非培养学生应用能力的技术训练，导致实践教学的效果不佳。②不少教师尤其是青年教师自身专业实践能力不足的问题。高校在学位上要求教师具有硕士学位、博士学位，不少青年教师从学校到学校，缺少行业企业实践经历。③人才培养方案中的实践教学课程体系构建问题。有的专业课程体系是以学科为逻辑起点构建的，对人才培养的理论课程体系与实践课程体系缺乏必要的研究，有的专业对必要的理论课程重视不够。在这种情况下，实践教学即使得到了重视，效果也可能仍然不好，培养出来的学生虽然能够较快地适应一般的岗位工作，但后劲不足，难以得到较快的成长。④学科专业校内实践教学平台构建问题、理实一体化课程中实践教学效果问题、产学研合作平台构建与作用发挥问题等。

由此看来，应用型本科教育应构建适应应用型本科教育的、而且有别于传统本科教育的理论教学课程体系和实践教学课程体系，其中实践教学课程体系的构建尤为重要。这不仅需要从事应用型本科教育的教师进行系统的研究和实践，还需要行业企业的实际工作者积极参与，由教育专家和行业专家共同完成这一体系的构建。

在应用型本科教育领域，有一批教师在坚持不懈地进行实践课程教学的研究与实践，并取得了一定的研究与实践成果。广州商学院会计学院的老师们积极投入这一研究与实践中，他们结合会计教学实践，基于应用型本科教育特点，根据高素质应用型人才培养目标的需要，开发了这套会计应用能力训练系列教材。这套教材由《基础会计应用能力训练》《财务会计应用能力训练》《成本会计应用能力训练》《会计电算化应用能力训练》《纳税申报应用能力训练》《会计综合应用能力训练》《会计顶岗实操》等组成，形成了会计应用能力训练三级递进的教材体系。这一系列教材的出版发行和在教学中的运用，实现了在会计应用人才的培养上，从入校到毕业的全程培养，从低级到高级的系统培养，从专项到实战的科学培养，有助于培养高素质应用型会计人才。

会计应用能力训练系列教材编审委员会

2020 年 10 月 18 日

前言

从目前情况来看，很多高校开设了“税法”“税务会计与税务筹划”等课程，但专门开设“纳税申报实验”课程的并不多，与该课程相匹配的实训教材就更少，并且税收法规制度的变动快，如税率、优惠政策、申报表等，纳税申报的形式也向网上申报转变，教材建设也就需要与时俱进。为了提高财税专业学生纳税申报的专业动手能力、熟练处理涉税业务和税务筹划的能力，编者经过多年的税法理论课程和实践课程的教学经验总结，采用手工和税务实训平台操作相结合的方式，在国内税务软件研发方面最具影响力的税友集团衡信科技公司的大力支持和帮助下，经纳税申报应用能力训练课程组花费大量时间进行资料收集、调研、设计，编写出了符合现行税收法律制度变革要求且反映真实税收流程的教材。

本教材以业务原始凭证和纳税申报表格为实验实训材料，学生根据模拟企业的真实经济业务，分析各项涉税业务，计算不含税销售额和应纳税额，手工填写纳税申报表，同时以相同手工操作的案例，运用税友集团衡信税务实训平台，进行网上发票采集、填写附表和主表、发送申报表、网上缴税、评分等操作。本教材在案例业务里面特意设计一些无涉税或减免税等特殊务业，增强读者对涉税业务的辨别能力。本教材以实验项目作为学生学习的任务驱动，以税种为主线，设计了6个综合实验项目，手工和软件相结合，为学生提供了一个高度仿真的模拟空间，培养学生对主要税种的准确计算能力及申报表的填列能力，有助于学生将所学的会计知识与税法专业知识有机地结合起来。

本教材共分为6个部分。第1部分为增值税一般纳税人纳税申报实验，第2部分为增值税小规模纳税人纳税申报实验，第3部分为消费税（烟类）纳税申报实验，第4部分为消费税（酒类）纳税申报实验，第5部分为个人所得税纳税申报实验，第6部分为企业所得税纳申报实验。

本实训教材具有以下明显优势：

（1）精心设计特殊业务。在案例业务中故意设计一些无涉税、部分减免税、全额减免、不可抵扣的普通发票，无票视同销售等特殊务业，增强学生涉税业务的辨别能力和综合应用能力。

（2）手工实验和税务实训平台实验的选择具有灵活性。本教材所编写的实验项目的案例既可以进行手工纳税申报实验，如填写各类申报表等，同时还可以在税务实训平台中进行实验。各高校可根据自身的实验实训条件进行选择，既可手工，也可实训平台，还可以双重实验，使教材更具灵活性。本教材可供本科等在校学生及社会人士学习使用。

（3）紧扣最新的税收法规制度改革。应用最新税率，如增值税一般纳税人4档税率——13%、9%、6%和零税率；最新税收优惠政策和个税的调整——专项附加扣除等。

（4）原始凭证真实性强。书中的增值税普通发票和专用发票、各税种的纳税申报表都与真实资料一样，增强了实验的现实感。

（5）实验内容重点突出。本教材重点介绍了增值税、消费税、所得税的手工和实训平台单项实验和双项实验，突出重点，少而精。各项目实验内容内涵丰富，实验教师可以根据实验课时灵活选择实验内容，合理安排。

本教材在编写过程中得到了税友集团浙江衡信教育科技有限公司的大力支持及专家学者的指导，在此我们表示衷心的感谢！同时，教材案例中所有的企业名称、企业资料、单据数据和印章都是虚构的，仅供实训案例使用，如有雷同纯属巧合。

限于作者的水平，加之时间仓促，书中不完善及错漏之处敬请广大读者和会计界同仁批评指正。

编者

2021年7月

目录

实验项目一　增值税一般纳税人申报实验 …… (1)
实验项目二　增值税小规模纳税人纳税申报实验 …… (52)
实验项目三　消费税（烟类）纳税申报实验 …… (75)
实验项目四　消费税（酒类）纳税申报实验 …… (87)
实验项目五　个人所得税纳税申报实验 …… (101)
实验项目六　企业所得税纳税申报实验 …… (115)

实验项目一　增值税一般纳税人申报实验

一、实验目的

1. 熟悉增值税纳税申报流程。
2. 熟悉并掌握增值税一般纳税人申报原理。
3. 掌握增值税纳税申报表及附表的填制方法。
4. 熟悉并掌握《中华人民共和国增值税暂行条例》基本原理。

二、知识拓展

增值税一般纳税人销售货物或提供应税劳务的应纳税额，应等于当期销项税额抵扣当期进项税额后的余额。其公式如下：

当期应纳税额＝当期销项税额－当期进项税额

＝当期销售额＊适用税率－当期进项税额

在计算应纳税额时，可能会出现当期销项税额小于当期进项税额，即不足抵扣的情况。根据条例规定，当期进项税额不足抵扣的部分可以结转下期继续抵扣。

三、实验流程

具体实验流程如图 1.1 所示。

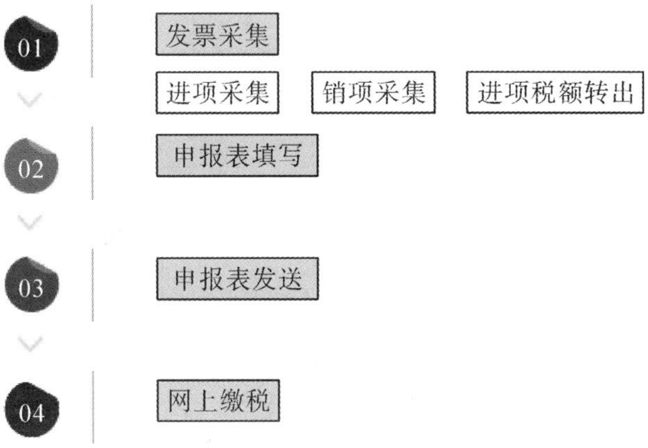

图 1.1　增值税一般纳税人纳税申报流程

四、增值税一般纳税人申报实验（手工）

（一）实验资料

1. 企业基本资料

企业名称：贝尔斯照明灯具制造有限公司

法人代表：张云胜

企业地址：深圳市宝安区西乡街 328 号　0755-25941111

纳税人识别号：91448943028490O129

经营范围：主营各类家和节能灯产品、商家灯具产品、景观灯笼产品的加工生产，兼营灯具各类配件，提供运输服务

注册资金：陆佰万元（600 万元）

注册时间：2016 年 2 月 1 日

行业性质：加工制造业

开户银行：徽商银行松岗支行 1506080988830290

开户行账户：1506080988830290

税务登记：核定为一般纳税人

2. 本月涉税主要业务

（1）2019 年 5 月 4 日，公司从山东聊城灯笼材料有限公司购入材料一批，所购原材料已验收入库，款项通过银行存款划转，具体如图 1.2、图 1.3、图 1.4、图 1.5 所示。

3700194140　山东增值税专用发票　NO 01468359

3700194140
01468359

开票日期：2019 年 05 月 04 日

购买方	名　　称：贝尔斯照明灯具制造有限公司 纳税人识别号：91448943028490O129 地 址、电 话：深圳市宝安区西乡街 328 号 0755-25941111 开户行及账号：徽商银行松岗支行 1506080988830290	密码区	03》21*&25*2/26-141\61 21350332132132100.-**6 23/031**212/-0313-03133 23203***/>055—03*2223

货物或应税劳务、服务名称	规格型号	单位	数量	单价	金额	税率	税额
*文具*灯笼专用胶水		瓶	400	6.80	2720.00	13%	353.60
*竹制品*灯笼专用竹条		副	2500	4.80	12000.00	13%	1560.00
*纺织产品*精織布料		米	3000	3.80	11400.00	13%	1482.00
*纺织产品*低圈棉线		个	8000	0.80	6400.00	13%	832.00
*模具*灯笼底座		个	10000	1.00	10000.00	13%	1300.00
合计					¥42520.00		¥5527.60
价税合计（大写）	⊗肆万捌仟零肆拾柒圆陆角整					（小写）	¥48047.60

销售方	名　　称：山东聊城灯笼材料有限公司 纳税人识别号：913789430280654318 地 址、电 话：山东聊城工业园区跃进路 8 号 84841111 开户行及账号：工行聊城运行 120602029200030285	备注	山东聊城灯笼材料有限公司 913789430280654318 发票专用章

收款人：　　复核：　　开票人：宁军　　销售方：（章）

第二联：抵扣联　购买方抵扣凭证

图 1.2　原始凭证 1

3700194140 山东增值税专用发票 NO 01468359

3700194140
01468359

开票日期：2019 年 05 月 04 日

购买方		密码区
	名　　称：贝尔斯照明灯具制造有限公司	03》21*&25*2/26-141\61
	纳税人识别号：914489430284900129	21350332132132100.-**6
	地址、电话：深圳市宝安区西乡街 328 号 0755-25941111	23/031**212/-0313-03133
	开户行及账号：徽商银行松岗支行 1506080988830290	23203***/>055—03*2223

货物或应税劳务、服务名称	规格型号	单位	数量	单价	金额	税率	税额
*文具*灯笼专用胶水		瓶	400	6.80	2720.00	13%	353.60
*竹制品*灯笼专用竹条		副	2500	4.80	12000.00	13%	1560.00
*纺织产品*精致布料		米	3000	3.80	11400.00	13%	1482.00
*纺织产品*低圈棉毯		个	8000	0.80	6400.00	13%	832.00
*模具*灯笼底座		个	10000	1.00	10000.00	13%	1300.00
合　　计					¥42520.00		¥5527.60
价税合计（大写）	⊗肆万捌仟零肆拾柒圆陆角整				（小写）¥48047.60		

销售方		备注
	名　　称：山东聊城灯笼材料有限公司	
	纳税人识别号：913789430280654318	
	地址、电话：山东聊城工业园区跃进路 8 号 84841111	
	开户行及账号：工行聊城运行 120602029200030285	

收款人：　　复核：　　开票人：宁军　　销售方：（章）

第三联：发票联　购买方记账凭证

税总函[2017]001号海南华森实业公司

图 1.3　原始凭证 2

3700194140 山东增值税专用发票 NO 01468360

3700194140
01468360

开票日期：2019 年 05 月 04 日

购买方		密码区
	名　　称：贝尔斯照明灯具制造有限公司	03》21*&25*2/26-141\61
	纳税人识别号：914489430284900129	21350332132132100.-**6
	地址、电话：深圳市宝安区西乡街 328 号 0755-25941111	23/031**212/-0313-03133
	开户行及账号：徽商银行松岗支行 1506080988830290	23203***/>055—03*2223

货物或应税劳务、服务名称	规格型号	单位	数量	单价	金额	税率	税额
*纺织产品*灯笼钢丝		吨	5	4200.00	21000.00	13%	2730.00
合　　计					¥21000.00		¥2730.00
价税合计（大写）	⊗贰万叁仟柒佰叁拾圆整				（小写）¥23730.00		

销售方		备注
	名　　称：山东聊城灯笼材料有限公司	
	纳税人识别号：913789430280654318	
	地址、电话：山东聊城工业园区跃进路 8 号 84841111	
	开户行及账号：工行聊城运行 120602029200030285	

收款人：　　复核：　　开票人：宁军　　销售方：（章）

第二联：抵扣联　购买方抵扣凭证

税总函[2017]001号海南华森实业公司

图 1.4　原始凭证 3

3700194140　山东增值税专用发票　NO 01468360

3700194140
01468360

发票联

开票日期：2019 年 05 月 04 日

购买方	名　　称：贝尔斯照明灯具制造有限公司 纳税人识别号：914489430284900129 地 址、电 话：深圳市宝安区西乡街 328 号 0755-25941111 开户行及账号：徽商银行松岗支行 1506080988830290	密码区	03》21*&25*2/26-141\61 21350332132132100.-**6 23/031**212/-0313-03133 23203***/>055—03*2223

货物或应税劳务、服务名称	规格型号	单位	数量	单价	金额	税率	税额
*纺织产品*灯笼钢丝		吨	5	4200.00	21000.00	13%	2730.00
合　　计					¥21000.00		¥2730.00
价税合计（大写）	⊗贰万叁仟柒佰叁拾圆整				（小写）¥23730.00		

销售方	名　　称：山东聊城灯笼材料有限公司 纳税人识别号：913789430280654318 地 址、电 话：山东聊城工业园区跃进路 8 号 84841111 开户行及账号：工行聊城运行 120602029200030285	备注	山东聊城灯笼材料有限公司 913789430280654318 发票专用章

收款人：　　复核：　　开票人：宁军　　销售方：（章）

税总函[2017]001 号宁波印刷厂

第三联：发票联　购买方记账凭证

图 1.5　原始凭证 4

（2）2019 年 5 月 5 日，公司销售投光灯 200 个给芜湖巨龙灯具商城，每个单价 300.00 元，增值税发票列明价款 60 000.00 元，增值税销项税额 7 800.00 元。其间，发生运费 1 090.00 元，由贝尔斯照明灯具制造有限公司承担，以转账支票支付。货已发出，税票已开，并向银行办理了托收承付手续，具体如图 1.6、图 1.7、图 1.8 所示。

4400194170　深圳增值税专用发票　NO 00540128

4400194170
00540128

抵扣联

开票日期：2019 年 05 月 05 日

购买方	名　　称：贝尔斯照明灯具制造有限公司 纳税人识别号：914489430284900129 地 址、电 话：深圳市宝安区西乡街 328 号 0755-25941111 开户行及账号：徽商银行松岗支行 1506080988830290	密码区	03》21*&25*2/26-141\61 21350332132132100.-**6 23/031**212/-0313-03133 23203***/>055—03*2223

货物或应税劳务、服务名称	规格型号	单位	数量	单价	金额	税率	税额
*运输服务*运费				1000.00	1000.00	9%	90.00
合　　计					¥1000.00		¥90.00
价税合计（大写）	⊗壹仟零玖拾圆整				（小写）¥1090.00		

销售方	名　　称：深圳四方货物运输有限公司 纳税人识别号：914402388016030445 地 址、电 话：深圳市龙华新区龙梅龙路 88 号 0755-26453008 开户行及账号：平安银行（龙华支行）1109383010394908	备注	起地：深圳市宝安区 深圳四方货物运输有限公司 914402388016030445 发票专用章

收款人：　　复核：　　开票人：小章　　销售方：（章）

税总函[2017]001 号宁波印刷厂

第二联：抵扣联　购买方扣税凭证

图 1.6　原始凭证 1

4400194170　深圳增值税专用发票　NO 00540128　4400194170 00540128

开票日期：2019 年 05 月 05 日

购买方	名称：贝尔斯照明灯具制造有限公司 纳税人识别号：914489430284900129 地址、电话：深圳市宝安区西乡街 328 号 0755-25941111 开户行及账号：徽商银行松岗支行 1506080988830290	密码区	03》21*&25*2/26-141\61 21350332132132100.-**6 23/031**212/-0313-03133 23203***/>055—03*2223

货物或应税劳务、服务名称	规格型号	单位	数量	单价	金额	税率	税额
*运输服务*运费				1000.00	1000.00	9%	90.00
合计					¥1000.00		¥90.00
价税合计（大写）	⊗壹仟零玖拾圆整					（小写）	¥1090.00

销售方	名称：深圳四方货物运输有限公司 纳税人识别号：914402388016030445 地址、电话：深圳市龙华新区龙梅龙路 88 号 0755-26453008 开户行及账号：平安银行（龙华支行）1109383010394908	备注	起运地：深圳市龙华区 到达地：深圳市宝安区 深圳四方货物运输有限公司 914402388016030445 发票专用章

收款人：　复核：　开票人：小章　销售方：（章）

税总函[2017]001号衡信印制厂　第三联：发票联　购买方记账凭证

图 1.7　原始凭证 2

4400194140　深圳增值税专用发票　NO 00652320　4400194140 00652320

此联不作报销、扣税凭证使用

开票日期：2019 年 05 月 05 日

购买方	名称：芜湖巨龙灯具商城 纳税人识别号：913415217263257523 地址、电话：芜湖市九华山路 428 号 2212062 开户行及账号：徽商银行九华路支行 736263826008	密码区	03》21*&25*2/26-141\61 21350332132132100.-**6 23/031**212/-0313-03133 23203***/>055—03*2223

货物或应税劳务、服务名称	规格型号	单位	数量	单价	金额	税率	税额
*户外照明用灯具及装置*投光灯		个	200	300.00	60000.00	13%	7800.00
合计					¥60000.00		¥7800.00
价税合计（大写）	⊗陆万柒仟捌佰圆整					（小写）	¥67800.00

销售方	名称：贝尔斯照明灯具制造有限公司 纳税人识别号：914489430284900129 地址、电话：深圳市宝安区西乡街 328 号 0755-25941111 开户行及账号：徽商银行松岗支行 1506080988830290	备注	

收款人：　复核：　开票人：董诗妍　销售方：（章）

税总函[2017]001号衡信印制厂　第一联：记账联　销售方记账凭证

图 1.8　原始凭证 3

（3）2019 年 5 月 5 日，公司从四川好明亮灯具配件有限公司购入玻璃 50 000 千克，单价 2.80 元；涂料 1 500 升，单价 21.00 元；塑料 45 000 千克，单价 3.20 元；税率 13%，货款为 315 500.00 元，税款为 41 015.00 元。以上原材料已验收入库，具体如图 1.9、图 1.10 所示。

5100194140　四川增值税专用发票　NO 00481380　5100194140 00481380

抵扣联

开票日期：2019 年 05 月 05 日

购买方	名　　称：贝尔斯照明灯具制造有限公司 纳税人识别号：914489430284900129 地 址、电 话：深圳市宝安区西乡街 328 号 0755-25941111 开户行及账号：徽商银行松岗支行 1506080988830290	密码区	03》21*&25*2/26-141\61 21350332132132100.-**6 23/031**212/-0313-03133 23203***/>055—03*2223

货物或应税劳务、服务名称	规格型号	单位	数量	单价	金额	税率	税额
*玻璃、陶瓷制品专用设备*零件		千克	50000	2.80	140000.00	13%	18200.00
*涂料*涂料		升	1500	21.00	31500.00	13%	4095.00
*塑料制品、半成品及辅料*塑料		千克	45000	3.20	144000.00	13%	18720.00
合　计					¥315500.00		¥41015.00
价税合计（大写）	⊗叁拾伍万陆仟伍佰壹拾伍圆整				（小写）¥356515.00		

销售方	名　　称：四川好明亮灯具配件有限公司 纳税人识别号：915101055678234563 地 址、电 话：四川省成都市青羊区青羊西路 2 号 83293534 开户行及账号：工商银行青羊支行 150604400503004550	备注	四川好明亮灯具配件有限公司 915101055678234563 发票专用章

收款人：　　复核：　　开票人：董丹丹　　销售方：（章）

第二联：抵扣联　购买方抵扣凭证

税总函[2017]001 号 海南华森实业公司

图 1.9　原始凭证 1

5100194140　四川增值税专用发票　NO 00481380　5100194140 00481380

发票联

开票日期：2019 年 05 月 05 日

购买方	名　　称：贝尔斯照明灯具制造有限公司 纳税人识别号：914489430284900129 地 址、电 话：深圳市宝安区西乡街 328 号 0755-25941111 开户行及账号：徽商银行松岗支行 1506080988830290	密码区	03》21*&25*2/26-141\61 21350332132132100.-**6 23/031**212/-0313-03133 23203***/>055—03*2223

货物或应税劳务、服务名称	规格型号	单位	数量	单价	金额	税率	税额
*玻璃、陶瓷制品专用设备*零件		千克	50000	2.80	140000.00	13%	18200.00
*涂料*涂料		升	1500	21.00	31500.00	13%	4095.00
*塑料制品、半成品及辅料*塑料		千克	45000	3.20	144000.00	13%	18720.00
合　计					¥315500.00		¥41015.00
价税合计（大写）	⊗叁拾伍万陆仟伍佰壹拾伍圆整				（小写）¥356515.00		

销售方	名　　称：四川好明亮灯具配件有限公司 纳税人识别号：915101055678234563 地 址、电 话：四川省成都市青羊区青羊西路 2 号 83293534 开户行及账号：工商银行青羊支行 150604400503004550	备注	四川好明亮灯具配件有限公司 915101055678234563 发票专用章

收款人：　　复核：　　开票人：董丹丹　　销售方：（章）

第三联：发票联　购买方记账凭证

税总函[2017]001 号 海南华森实业公司

图 1.10　原始凭证 2

（4）2019 年 5 月 5 日，公司出售给个体户许珊珊报废的生产边角钢材余料 150.00 元，现金收取，具体如图 1.11 所示。

收款收据 No 00033191

2019 年 05 月 05 日

今收到 许珊珊购买报废边角料的现金货款 150 元整。

金额大写 ⓧ佰 ⓧ拾 ⓧ万 ⓧ仟 壹佰伍拾零

¥：150.00

贝尔斯照明灯具制造有限公司财务专用章

（单位盖章）

核准：　会计：　记账：　出纳：黄迎春　经手人：

图 1.11　原始凭证

（5）2019 年 5 月 6 日，公司销售给芜湖康源美家居商城水晶灯 100 个，不含税单价 1 500.00 元；景观灯 100 个，不含税单价 200.00 元；税率 13%。双方当初签订合同规定：付款条件为 2/10、1/20、N/30。货已发出且开出增值税专用发票，货款尚未收到，具体如图 1.12 所示。

4403193140　深圳增值税专用发票　N0 00652321　4403193140 00652321

此联不作报销、扣税凭证使用

开票日期：2019 年 05 月 06 日

购买方	名称：芜湖康源美家居商城 纳税人识别号：913402027890456784 地址、电话：芜湖市北京路 10 号 0553-66667703 开户行及账号：农业银行徽源支行 150608378855884	密码区	03》21*&25*2/26-141\61 21350332132132100.-**6 23/031**212/-0313-03133 23203***/>055—03*2223

货物或应税劳务、服务名称	规格型号	单位	数量	单价	金额	税率	税额
*灯泡及类似品封装机零件*水晶灯		个	100	1500.00	150000.00	13%	19500.00
*灯泡及类似品封装机*景观灯		个	100	200.00	20000.00	13%	2600.00
合　　计					¥170000.00		¥22100.00
价税合计（大写）	ⓧ壹拾玖万贰仟壹佰圆整				（小写）¥192100.00		

销售方	名称：贝尔斯照明灯具制造有限公司 纳税人识别号：914489430284900129 地址、电话：深圳市宝安区西乡街 328 号 0755-25941111 开户行及账号：徽商银行松岗支行 1506080988830290	备注	

收款人：　复核：　开票人：董诗妍　销售方：（章）

税总函[2017]001 号衡信印刷厂

第一联：记账联　销售方记账凭证

图 1.12　原始凭证

（6）2019 年 5 月 7 日，公司销售给安徽铁路（集团）有限公司隧道灯 150 个，不含税单价 580.00 元，税率 13%，货已发出且开具增值税专用发票，具体如图 1.13 所示。销售当日，公司收到广州铁路（集团）公司开出并承兑的面值 98 310.00 元的银行承兑汇票，汇票期限 6 个月，票面利率 6%。

4403193140　　深圳增值税专用发票　　NO 00652322　　4403193140 00652322

此联不作报销、扣税凭证使用

开票日期：2019 年 05 月 07 日

购买方	名　　称：安徽铁路（集团）有限公司 纳税人识别号：913402027658901125 地 址、电 话：芜湖市九华山路 428 号 0553-22120625 开户行及账号：农业银行九华行 154008368885543	密码区	03》21*&25*2/26-141\61 21350332132132100.-**6 23/031**212/-0313-03133 23203***/>055—03*2223

货物或应税劳务、服务名称	规格型号	单位	数量	单价	金额	税率	税额
*道路交通安全管制设备*隧道灯		个	150	580.00	87000.00	13%	11310.00
合　计					¥87000.00		¥11310.00
价税合计（大写）	⊗玖万捌仟叁佰壹拾圆整				（小写）¥98310.00		

销售方	名　　称：贝尔斯照明灯具制造有限公司 纳税人识别号：914489430284900129 地 址、电 话：深圳市宝安区西乡街 328 号 0755-25941111 开户行及账号：徽商银行松岗支行 1506080988830290	备注	

收款人：　　复核：　　开票人：董诗妍　　销售方：（章）

税总函[2017]001 号衡信印刷厂　　第一联：记账联　销售方记账凭证

图 1.13　原始凭证

（7）2019 年 5 月 9 日，公司从马鞍山玉龙金属材料有限公司购入铜材料 28 吨，不含税单价 1 650.00 元；钢材料 10 吨，不含税单价 1 850.00 元；税率 13%，增值税专用发票所列材料价款 64 700.00 元，税额为 8 411.00 元，验收入库。货款通过银行转账支付，具体如图 1.14、图 1.15 所示。

3400194140　　安徽增值税专用发票　　NO 00481813　　3400194140 00481813

抵扣联

开票日期：2019 年 05 月 09 日

购买方	名　　称：贝尔斯照明灯具制造有限公司 纳税人识别号：914489430284900129 地 址、电 话：深圳市宝安区西乡街 328 号 0755-25941111 开户行及账号：徽商银行松岗支行 1506080988830290	密码区	03》21*&25*2/26-141\61 21350332132132100.-**6 23/031**212/-0313-03133 23203***/>055—03*2223

货物或应税劳务、服务名称	规格型号	单位	数量	单价	金额	税率	税额
*钢材*钢材料		吨	28	1650.00	46200.00	13%	6006.00
*钢材*钢材料		吨	10	1850.00	18500.00	13%	2405.00
合　计					¥64700.00		¥8411.00
价税合计（大写）	⊗柒万叁仟壹佰壹拾壹圆整				……11.00		

销售方	名　　称：马鞍山玉龙金属材料有限公司 纳税人识别号：913408823283763304 地 址、电 话：马鞍山市昆山区红旗北路 326 号 028-83292534 开户行及账号：工行花园支行 120602048377705405	备注	马鞍山玉龙金属材料有限公司 913408823283763304 发票专用章

收款人：　　复核：　　开票人：宁伟　　销售方：（章）

税总函[2017]001 号衡信印刷厂　　第二联：抵扣联　购买方抵扣凭证

图 1.14　原始凭证 1

3400194140　安徽增值税专用发票　NO 00481813

3400194140
00481813

开票日期：2019 年 05 月 09 日

购买方	名　　称：贝尔斯照明灯具制造有限公司 纳税人识别号：914489430284900129 地 址、电 话：深圳市宝安区西乡街 328 号 0755-25941111 开户行及账号：徽商银行松岗支行 1506080988830290	密码区	03》21*&25*2/26-141\61 21350332132132100. -**6 23/031**212/-0313-03133 23203***/>055—03*2223

货物或应税劳务、服务名称	规格型号	单位	数量	单价	金额	税率	税额
*钢材*钢材料		吨	28	1650.00	46200.00	13%	6006.00
*钢材*钢材料		吨	10	1850.00	18500.00	13%	2405.00
合　　计					￥64700.00		￥8411.00
价税合计（大写）	⊗柒万叁仟壹佰壹拾壹圆整				（小写）￥73111.00		

销售方	名　　称：马鞍山玉龙金属材料有限公司 纳税人识别号：913408823283763304 地 址、电 话：马鞍山市昆山区红旗北路 326 号 028-83292534 开户行及账号：工行花园支行 120602048377705405	备注	马鞍山玉龙金属材料有限公司 913408823283763304 发票专用章

收款人：　　复核：　　开票人：宁伟　　销售方：（章）

第三联：发票联　购买方记账凭证

税总函〔2017〕001 号海南华森实业公司

图 1.15　原始凭证 2

（8）2019 年 5 月 9 日，总经理张云胜报销支付的广告费 10 000.00 元，从总经理借款中抵销，具体如图 1.16、图 1.17 所示。

4403193140　深圳增值税专用发票　NO 07823282

4403193140
07823282

开票日期：2019 年 05 月 09 日

购买方	名　　称：贝尔斯照明灯具制造有限公司 纳税人识别号：914489430284900129 地 址、电 话：深圳市宝安区西乡街 328 号 0755-25941111 开户行及账号：徽商银行松岗支行 1506080988830290	密码区	03》21*&25*2/26-141\61 21350332132132100. -**6 23/031**212/-0313-03133 23203***/>055—03*2223

货物或应税劳务、服务名称	规格型号	单位	数量	单价	金额	税率	税额
*广告代理服务*广告发布费					9433.96	6%	566.04
合　　计					￥9433.96		￥566.04
价税合计（大写）	⊗壹万圆整				（小写）￥10000.00		

销售方	名　　称：深圳正元文化创意有限公司 纳税人识别号：914403001690177782 地 址、电 话：深圳市宝安区东乡路 128 号 0755-25842274 开户行及账号：工商银行东乡支行 1506483000348	备注	深圳正元文化创意有限公司 914403001690177782 发票专用章

收款人：　　复核：　　开票人：周丽　　销售方：（章）

第二联：抵扣联　购买方抵扣凭证

税总函〔2017〕001 号海南华森实业公司

图 1.16　原始凭证 1

4403193140　深圳增值税专用发票　NO 07823282　4403193140　07823282

开票日期：2019年05月09日

购买方	名称：贝尔斯照明灯具制造有限公司 纳税人识别号：914489430284900129 地址、电话：深圳市宝安区西乡街328号 0755-25941111 开户行及账号：徽商银行松岗支行 1506080988830290			密码区	03》21*&25*2/26-141\61 21350332132132100.-**6 23/031**212/-0313-03133 23203***/>055—03*2223		
货物或应税劳务、服务名称	规格型号	单位	数量	单价	金额	税率	税额
*广告代理服务*广告发布费					9433.96	6%	566.04
合计					¥9433.96		¥566.04
价税合计（大写）	⊗壹万圆整				（小写）¥10000.00		
销售方	名称：深圳正元文化创意有限公司 纳税人识别号：91440300169017778２ 地址、电话：深圳市宝安区东乡路128号 0755-25842274 开户行及账号：工商银行东乡支行 1506483000348			备注	91440300169017778２ 发票专用章		

收款人：　　复核：　　开票人：周丽　　销售方：（章）

税总函[2017]001号衡信印刷厂　　第三联：发票联　购买方记账凭证

图1.17　原始凭证2

（9）2019年5月11日，公司对外提供运输服务收入18 348.62元，增值税税率9%，税额为1 651.38元，收到银行存款20 000.00元，具体如图1.18所示。

4400194140　深圳增值税专用发票　NO 07832140　4400194140　07832140

此联不作报销、扣税凭证使用

开票日期：2019年05月11日

购买方	名称：芜湖巨龙灯具商城 纳税人识别号：913415217263257523 地址、电话：芜湖市九华山路428号 2212062 开户行及账号：徽商银行九华路支行 736263826008			密码区	03》21*&25*2/26-141\61 21350332132132100.-**6 23/031**212/-0313-03133 23203***/>055—03*2223		
货物或应税劳务、服务名称	规格型号	单位	数量	单价	金额	税率	税额
*运输服务*运费			1	18348.62	18348.62	9%	1651.38
合计					¥18348.62		¥1651.38
价税合计（大写）	⊗贰万圆整				（小写）¥20000.00		
销售方	名称：贝尔斯照明灯具制造有限公司 纳税人识别号：914489430284900129 地址、电话：深圳市宝安区西乡街328号 0755-25941111 开户行及账号：徽商银行松岗支行 1506080988830290			备注	起运地：深圳市宝安区 到达地：芜湖市九华山路		

收款人：　　复核：　　开票人：董诗妍　　销售方：（章）

税总函[2017]001号衡信印刷厂　　第一联：记账联　销售方记账凭证

图1.18　原始凭证

（10）2019年5月13日，公司向珠海市金太阳灯饰有限公司销售吸顶灯65只，每只不含税售价346.00元；投光灯85只，每只不含税售价185.00元；以上共计价款38 215.00元，增值税销项税额4 967.95元，产品已发出，增值税专用发票已开，并向银行办理了托收承付手续，具体如图1.19所示。

4403193140　　深圳增值税专用发票　　NO 00652323　　4403193140 00652323

此联不作报销、扣税凭证使用

开票日期：2019 年 05 月 13 日

购买方
名　　称：珠海市金太阳灯饰有限公司
纳税人识别号：914402204748929485
地 址、电 话：广东省珠海市珠南路 2021 号 0756-22568803
开户行及账号：工商银行珠南支行 332455309020345776

密码区
03》21*&25*2/26-141\61
21350332132132100.-**6
23/031**212/-0313-03133
23203***/>055—03*2223

货物或应税劳务、服务名称	规格型号	单位	数量	单价	金额	税率	税额
*室内照明灯具*吸顶灯		只	65	346.00	22490.00	13%	2923.70
*室内照明灯具*投光灯		只	85	185.00	15725.00	13%	2044.25
合　　计					¥38215.00		¥4967.95
价税合计（大写）	⊗肆万叁仟壹佰捌拾贰圆玖角伍分				（小写）¥43182.95		

销售方
名　　称：贝尔斯照明灯具制造有限公司
纳税人识别号：914489430284900129
地 址、电 话：深圳市宝安区西乡街 328 号 0755-25941111
开户行及账号：徽商银行松岗支行 1506080988830290

备注

收款人：　　复核：　　开票人：董诗妍　　销售方：（章）

税总函[2017]001 号衡信印刷厂

第一联：记账联　销售方记账凭证

图 1.19　原始凭证

（11）2019 年 5 月 13 日，公司开给珠海振鑫灯具批发市场增值税发票，货已发出，货款已通过银行转账支付，具体如图 1.20 所示。其中投光灯 150 只，不含税单价 495.00 元；庭院灯 160 只，不含税单价 308.00 元；吸顶灯 165 只，不含税单价 350.00 元；路灯 115 只，不含税单价 95.00 元；所列价款 192 205.00 元，所列税款24 986.65元。

4403193140　　深圳增值税专用发票　　NO 00652324　　4403193140 00652324

此联不作报销、扣税凭证使用

开票日期：2019 年 05 月 13 日

购买方
名　　称：珠海振鑫灯具批发市场
纳税人识别号：914402204748929486
地 址、电 话：广东省珠海市珠南路 20 号 0756-22568843
开户行及账号：工商银行珠南支行 10465300084334

密码区
03》21*&25*2/26-141\61
21350332132132100.-**6
23/031**212/-0313-03133
23203***/>055—03*2223

货物或应税劳务、服务名称	规格型号	单位	数量	单价	金额	税率	税额
*室内照明灯具*投光灯		只	150	495.00	74250.00	13%	9652.50
*室内照明灯具*庭院灯		只	160	308.00	49280.00	13%	6406.40
室内照明灯具*吸顶灯		只	165	350.00	57750.00	13%	7507.50
*户外照明用灯具及装置*路灯		只	115	95.00	10925.00	13%	1420.25
合　　计					¥192205.00		¥24986.65
价税合计（大写）	⊗贰拾壹万柒仟壹佰玖拾壹圆陆角伍分				（小写）¥217191.65		

销售方
名　　称：贝尔斯照明灯具制造有限公司
纳税人识别号：914489430284900129
地 址、电 话：深圳市宝安区西乡街 328 号 0755-25941111
开户行及账号：徽商银行松岗支行 1506080988830290

备注

收款人：　　复核：　　开票人：董诗妍　　销售方：（章）

税总函[2017]001 号衡信印刷厂

第一联：记账联　销售方记账凭证

图 1.20　原始凭证

（12）2019 年 5 月 14 日，公司向四川好明亮灯具配件有限公司购入铝材料 20 吨，每吨不含税 6 000.00 元，增值税发票列明价款 120 000.00 元和税款 15 600.00 元，货已验收入库，此款项尚未支付，具体如图 1.21、图 1.22 所示。

5100194140　　四川增值税专用发票　　NO 00448130　　5100194140 00448130

抵扣联

开票日期：2019 年 05 月 14 日

购买方	名　　称：贝尔斯照明灯具制造有限公司 纳税人识别号：914489430284900129 地 址、电 话：深圳市宝安区西乡街 328 号 0755-25941111 开户行及账号：徽商银行松岗支行 1506080988830290				密码区	03》21*&25*2/26-141\61 21350332132132100.-**6 23/031**212/-0313-03133 23203***/>055—03*2223		
货物或应税劳务、服务名称	规格型号	单位	数量	单价	金额	税率	税额	
*铝材*铝材料		吨	20	6000.00	120000.00	13%	15600.00	
合　　计					¥120000.00		¥15600.00	
价税合计（大写）	⊗壹拾叁万伍仟陆佰圆整				（小写）¥135600.00			
销售方	名　　称：四川好明亮灯具配件有限公司 纳税人识别号：915101055678234563 地 址、电 话：四川省成都市青羊区青羊西路 2 号 83293534 开户行及账号：工商银行青羊支行 150604400503004550				备注	四川好明亮灯具配件有限公司 915101055678234563 发票专用章		

收款人：　　复核：　　开票人：董丹丹　　销售方：（章）

第二联：抵扣联　购买方抵扣凭证

图 1.21　原始凭证 1

5100194140　　四川增值税专用发票　　NO 00448130　　5100194140 00448130

发票联

开票日期：2019 年 05 月 14 日

购买方	名　　称：贝尔斯照明灯具制造有限公司 纳税人识别号：914489430284900129 地 址、电 话：深圳市宝安区西乡街 328 号 0755-25941111 开户行及账号：徽商银行松岗支行 1506080988830290				密码区	03》21*&25*2/26-141\61 21350332132132100.-**6 23/031**212/-0313-03133 23203***/>055—03*2223		
货物或应税劳务、服务名称	规格型号	单位	数量	单价	金额	税率	税额	
*铝材*铝材料		吨	20	6000.00	120000.00	13%	15600.00	
合　　计					¥120000.00		¥15600.00	
价税合计（大写）	⊗壹拾叁万伍仟陆佰圆整							
销售方	名　　称：四川好明亮灯具配件有限公司 纳税人识别号：915101055678234563 地 址、电 话：四川省成都市青羊区青羊西路 2 号 83293534 开户行及账号：工商银行青羊支行 150604400503004550				备注	四川好明亮灯具配件有限公司 915101055678234563 发票专用章		

收款人：　　复核：　　开票人：董丹丹　　销售方：（章）

第三联：发票联　购买方记账凭证

图 1.22　原始凭证 2

（13）2019 年 5 月 16 日，采购员出差归来，向公司交来增值税发票一张，发票上列明其从南京易亮照明灯具科技有限公司购入塑料包装物 6 500 只，价款 39 000.00 元，增值税 5 070.00 元，货物已验收入库，此款项尚未支付，具体如图 1.23、图 1.24 所示。

3200191230　　江苏增值税专用发票　　NO 00457832　　3200191230 00457832

抵扣联

开票日期：2019 年 05 月 16 日

购买方	名称：贝尔斯照明灯具制造有限公司 纳税人识别号：914489430284900129 地址、电话：深圳市宝安区西乡街 328 号 0755-25941111 开户行及账号：徽商银行松岗支行 1506080988830290			密码区	03》21*&25*2/26-141\61 21350332132132100.-**6 23/031**212/-0313-03133 23203***/>055—03*2223		
货物或应税劳务、服务名称	规格型号	单位	数量	单价	金额	税率	税额
*塑料包装箱及容器*塑料包装物		只	6500	6.00	39000.00	13%	5070.00
合计					¥39000.00		¥5070.00
价税合计（大写）	⊗肆万肆仟零柒拾圆整				（小写）¥44070.00		
销售方	名称：南京易亮照明灯具科技有限公司 纳税人识别号：913203001690144435 地址、电话：南京市太平北路 60 号 025-21588885 开户行及账号：工商银行太平北路支行 1206433388830235			备注	南京易亮照明灯具科技有限公司 913203001690144435 发票专用章		

收款人：　　复核：　　开票人：王平　　销售方：（章）

第二联：抵扣联 购买方扣税凭证

图 1.23　原始凭证 1

3200191230　　江苏增值税专用发票　　NO 00457832　　3200191230 00457832

发票联

开票日期：2019 年 05 月 16 日

购买方	名称：贝尔斯照明灯具制造有限公司 纳税人识别号：914489430284900129 地址、电话：深圳市宝安区西乡街 328 号 0755-25941111 开户行及账号：徽商银行松岗支行 1506080988830290			密码区	03》21*&25*2/26-141\61 21350332132132100.-**6 23/031**212/-0313-03133 23203***/>055—03*2223		
货物或应税劳务、服务名称	规格型号	单位	数量	单价	金额	税率	税额
*塑料包装箱及容器*塑料包装物		只	6500	6.00	39000.00	13%	5070.00
合计					¥39000.00		¥5070.00
价税合计（大写）	⊗肆万肆仟零柒拾圆整				（小写）¥44070.00		
销售方	名称：南京易亮照明灯具科技有限公司 纳税人识别号：913203001690144435 地址、电话：南京市太平北路 60 号 025-21588885 开户行及账号：工商银行太平北路支行 1206433388830235			备注	南京易亮照明灯具科技有限公司 913203001690144435 发票专用章		

收款人：　　复核：　　开票人：王平　　销售方：（章）

第三联：发票联 购买方记账凭证

图 1.24　原始凭证 2

（14）2019 年 5 月 17 日，生产部马俞斌报销 16 日发生的设备维修费 1 085.00 元，出纳以现金付讫，具体如图 1.25、图 1.26 所示。

4400194140　深圳增值税专用发票　N0 00481385　4400194140 00481385

开票日期：2019 年 05 月 17 日

购买方	名　　称：贝尔斯照明灯具制造有限公司 纳税人识别号：914489430284900129 地 址、电 话：深圳市宝安区西乡街 328 号 0755-25941111 开户行及账号：徽商银行松岗支行 1506080988830290	密码区	03》21*&25*2/26-141\61 21350332132132100.-**6 23/031**212/-0313-03133 23203***/>055—03*2223

货物或应税劳务、服务名称	规格型号	单位	数量	单价	金额	税率	税额
*加工劳务*维修费			1	960.18	960.18	13%	124.82
合　　计					¥960.18		¥124.82
价税合计（大写）	⊗壹仟零捌拾伍圆整				（小写）¥1085.00		

销售方	名　　称：深圳市旭成设备维修有限公司 纳税人识别号：914401010556782377 地 址、电 话：深圳市宝安路西乡路 128 号 0755-25945546377 开户行及账号：工商银行宝安支行 06080988830338	备注	深圳市旭成设备维修有限公司 914401010556782377 发票专用章

收款人：　复核：　开票人：小吴　销售方：（章）

第二联：抵扣联　购买方抵扣凭证

[illegible][2017]001号[illegible]厂

图 1.25　原始凭证 1

4400194140　深圳增值税专用发票　N0 00481385　4400194140 00481385

开票日期：2019 年 05 月 17 日

购买方	名　　称：贝尔斯照明灯具制造有限公司 纳税人识别号：914489430284900129 地 址、电 话：深圳市宝安区西乡街 328 号 0755-25941111 开户行及账号：徽商银行松岗支行 1506080988830290	密码区	03》21*&25*2/26-141\61 21350332132132100.-**6 23/031**212/-0313-03133 23203***/>055—03*2223

货物或应税劳务、服务名称	规格型号	单位	数量	单价	金额	税率	税额
*加工劳务*维修费			1	960.18	960.18	13%	124.82
合　　计					¥960.18		¥124.82
价税合计（大写）	⊗壹仟零捌拾伍圆整				（小写）¥1085.00		

销售方	名　　称：深圳市旭成设备维修有限公司 纳税人识别号：914401010556782377 地 址、电 话：深圳市宝安路西乡路 128 号 0755-25945546377 开户行及账号：工商银行宝安支行 06080988830338	备注	深圳市旭成设备维修有限公司 914401010556782377 发票专用章

收款人：　复核：　开票人：小吴　销售方：（章）

第三联：发票联　购买方记账凭证

[illegible][2017]001号[illegible]厂

图 1.26　原始凭证 2

（15）2019 年 5 月 19 日，采购员王海燕出差归来，向公司交来增值税发票一张，发票上列明其从浙江金苹果布艺有限公司购入布料 448 米，价款 12 800.00 元；装饰物 300 个，价款 7 650.00 元；床头灯底座 300 个，价款 9 600.00 元；以上价款共计 30 050.00元，增值税 3 906.50 元，货已验收入库，此款项尚未支付，具体如图 1.27、图 1.28 所示。

3300194140 浙江增值税专用发票 NO 00381582 3300194140 00381582

抵扣联

开票日期：2019 年 05 月 19 日

购买方	名　　称：贝尔斯照明灯具制造有限公司 纳税人识别号：914489430284900129 地 址、电 话：深圳市宝安区西乡街 328 号 0755-25941111 开户行及账号：徽商银行松岗支行 1506080988830290	密码区	03》21*&25*2/26-141\61 21350332132132100.-**6 23/031**212/-0313-03133 23203***/>055—03*2223

货物或应税劳务、服务名称	规格型号	单位	数量	单价	金额	税率	税额
*纺织产品*布料		米	448	28.5714	12800.00	13%	1664.00
*成匹编带、装饰带及类似品*装饰物		个	300	25.50	7650.00	13%	994.50
*配电或电器控制设备专用零件*床头灯底座		个	300	32.00	9600.00	13%	1248.00
合　计					￥30050.00		￥3906.50
价税合计（大写）	⊗叁万叁仟玖佰伍拾陆圆伍角整				（小写）￥33956.50		

销售方	名　　称：浙江金苹果布艺有限公司 纳税人识别号：913301077633455795 地 址、电 话：浙江省杭州市滨江区解放路 209 号 0571-83298856 开户行及账号：杭州银行解放路支行 120206004500358	备注	浙江金苹果布艺有限公司 913301077633455795 发票专用章

收款人：　复核：　开票人：吴明　销售方：（章）

第二联：抵扣联 购买方抵扣凭证

图 1.27　原始凭证 1

3300194140 浙江增值税专用发票 NO 00381582 3300194140 00381582

发票联

开票日期：2019 年 05 月 19 日

购买方	名　　称：贝尔斯照明灯具制造有限公司 纳税人识别号：914489430284900129 地 址、电 话：深圳市宝安区西乡街 328 号 0755-25941111 开户行及账号：徽商银行松岗支行 1506080988830290	密码区	03》21*&25*2/26-141\61 21350332132132100.-**6 23/031**212/-0313-03133 23203***/>055—03*2223

货物或应税劳务、服务名称	规格型号	单位	数量	单价	金额	税率	税额
*纺织产品*布料		米	448	28.5714	12800.00	13%	1664.00
*成匹编带、装饰带及类似品*装饰物		个	300	25.50	7650.00	13%	994.50
*配电或电器控制设备专用零件*床头灯底		个	300	32.00	9600.00	13%	1248.00
合　计					￥30050.00		￥3906.50
价税合计（大写）	⊗叁万叁仟玖佰伍拾陆圆伍角整				（小写）￥33956.50		

销售方	名　　称：浙江金苹果布艺有限公司 纳税人识别号：913301077633455795 地 址、电 话：浙江省杭州市滨江区解放路 209 号 0571-83298856 开户行及账号：杭州银行解放路支行 120206004500358	备注	浙江金苹果布艺有限公司 913301077633455795 发票专用章

收款人：　复核：　开票人：吴明　销售方：（章）

第三联：发票联 购买方记账凭证

图 1.28　原始凭证 2

（16）2019 年 5 月 19 日，修车间报销维修配件款，其中生产车间维修的设备配件 1 500.00 元，管理部门汽车配件 7 800.00 元，具体如图 1.29 所示。

044031845003　深圳增值税普通发票　NO 00673670　044031845003 00673670

发票联

开票日期：2019 年 05 月 19 日

购买方	名　　称：贝尔斯照明灯具制造有限公司 纳税人识别号：914489430284900129 地 址、电 话：深圳市宝安区西乡街 328 号 0755-25941111 开户行及账号：徽商银行松岗支行 1506080988830290	密码区	03》21*&25*2/26-141\61 21350332132132100.-**6 23/031**212/-0313-03133 23203***/>055—03*2223

货物或应税劳务、服务名称	规格型号	单位	数量	单价	金额	税率	税额
*加工劳务*维修费			1	9029.13	9029.13	3%	270.87
合　　计					¥9029.13		¥270.87
价税合计（大写）	⊗玖仟叁佰圆整				（小写）¥9300.00		

销售方	名　　称：深圳三义修配有限公司 纳税人识别号：914403017604887625 地 址、电 话：深圳市福田区深南西路红牌大厦 1516 室 0755-8852 开户行及账号：农行福田支行 622150582201536453	备注	深圳三义修配有限公司 914403017604887625 发票专用章

收款人：　　复核：　　开票人：董明丽　　销售方：（章）

第二联：发票联　购买方记账凭证

税总函［2017］001 号海南华森实业公司

图 1.29　原始凭证

（17）2019 年 5 月 19 日，公司收到水、电费用发票，分别以银行存款支付，具体如图 1.30、图 1.31、图 1.32、图 1.33 所示。

4400194140　深圳增值税专用发票　NO 00408133　4400194140 00408133

抵扣联

开票日期：2019 年 05 月 19 日

购买方	名　　称：贝尔斯照明灯具制造有限公司 纳税人识别号：914489430284900129 地 址、电 话：深圳市宝安区西乡街 328 号 0755-25941111 开户行及账号：徽商银行松岗支行 1506080988830290	密码区	03》21*&25*2/26-141\61 21350332132132100.-**6 23/031**212/-0313-03133 23203***/>055—03*2223

货物或应税劳务、服务名称	规格型号	单位	数量	单价	金额	税率	税额
*供电*电费		度	3500	0.58	2030.00	13%	263.90
合　　计					¥2030.00		¥263.90
价税合计（大写）	⊗贰仟贰佰玖拾叁圆玖角整				（小写）¥2293.90		

销售方	名　　称：深圳市电力公司 纳税人识别号：914403001690187245 地 址、电 话：深圳市宝安区西乡街 115 号 0755-25942256 开户行及账号：工商银行宝安支行 120365500043345	备注	深圳市电力公司 914403001690187245 发票专用章

收款人：　　复核：　　开票人：吴楠　　销售方：（章）

第二联：抵扣联　购买方抵扣凭证

税总函［2017］001 号海南华森实业公司

图 1.30　原始凭证 1

4400194140　　深圳增值税专用发票　　N0 00408133　　4400194140 00408133

开票日期：2019 年 05 月 19 日

购买方	名　　称：贝尔斯照明灯具制造有限公司 纳税人识别号：914489430284900129 地 址、电 话：深圳市宝安区西乡街 328 号 0755-25941111 开户行及账号：徽商银行松岗支行 1506080988830290	密码区	03》21*&25*2/26-141\61 21350332132132100.-**6 23/031**212/-0313-03133 23203***/>055—03*2223

货物或应税劳务、服务名称	规格型号	单位	数量	单价	金额	税率	税额
*供电*电费		度	3500	0.58	2030.00	13%	263.90
合　　计					¥2030.00		¥263.90
价税合计（大写）	⊗贰仟贰佰玖拾叁圆玖角整				（小写）¥2293.90		

销售方	名　　称：深圳市电力公司 纳税人识别号：914403001690187245 地 址、电 话：深圳市宝安区西乡街 115 号 0755-25942256 开户行及账号：工商银行宝安支行 120365500043345	备注	深圳市电力公司 914403001690187245 发票专用章

收款人：　　复核：　　开票人：吴楠　　销售方：（章）

第三联：发票联　购买方记账凭证

图 1.31　原始凭证 2

4400194140　　深圳增值税专用发票　　N0 00408134　　4400194140 00408134

开票日期：2019 年 05 月 19 日

购买方	名　　称：贝尔斯照明灯具制造有限公司 纳税人识别号：914489430284900129 地 址、电 话：深圳市宝安区西乡街 328 号 0755-25941111 开户行及账号：徽商银行松岗支行 1506080988830290	密码区	03》21*&25*2/26-141\61 21350332132132100.-**6 23/031**212/-0313-03133 23203***/>055—03*2223

货物或应税劳务、服务名称	规格型号	单位	数量	单价	金额	税率	税额
*水冰雪*水费		吨	5000	1.50	7500.00	9%	675.00
合　　计					¥7500.00		¥675.00
价税合计（大写）	⊗捌仟壹佰柒拾伍圆整				¥8175.00		

销售方	名　　称：深圳工业用水服务中心 纳税人识别号：914461232419700116 地 址、电 话：深圳市宝安区大庆路 8 号 74842222 开户行及账号：工行宝安支行 120602029200030333	备注	深圳工业用水服务中心 914461232419700116 发票专用章

收款人：　　复核：　　开票人：宁静　　销售方：（章）

第二联：抵扣联　购买方抵扣凭证

图 1.32　原始凭证 3

4400194140　深圳增值税专用发票　NO 00408134　4400194140 00408134

开票日期：2019 年 05 月 19 日

购买方	名　　称：贝尔斯照明灯具制造有限公司 纳税人识别号：914489430284900129 地址、电话：深圳市宝安区西乡街 328 号 0755-25941111 开户行及账号：徽商银行松岗支行 1506080988830290	密码区	03》21*&25*2/26-141\61 21350332132132100. -**6 23/031**212/-0313-03133 23203***/>055—03*2223

货物或应税劳务、服务名称	规格型号	单位	数量	单价	金额	税率	税额
*水冰雪*水费		吨	5000	1.50	7500.00	9%	675.00
合　　计					¥7500.00		¥675.00
价税合计（大写）	⊗捌仟壹佰柒拾伍圆整				（小写）¥8175.00		

销售方	名　　称：深圳工业用水服务中心 纳税人识别号：914461232419700116 地址、电话：深圳市宝安区大庆路 8 号 74842222 开户行及账号：工行宝安支行 12060202920003033	备注	深圳工业用水服务中心 914461232419700116 发票专用章

收款人：　复核：　开票人：宁静　销售方：（章）

税总函[2017]001号衡信印刷厂　第三联：发票联　购买方记账凭证

图 1.33　原始凭证 4

（18）2019 年 5 月 20 日，公司销售给芜湖康源美家居商城投光灯 50 只，每只不含税售价 268.00 元；水晶灯 70 只，每只不含税售价 960.00 元；计价为 80 600.00 元，增值税税款 10 478.00 元，已开出增值税专用发票。货已发出，货款尚未收到，具体如图 1.34所示。

4403193140　深圳增值税专用发票　NO 00652325　4403193140 00652325

此联不作报销、扣税凭证使用

开票日期：2019 年 05 月 20 日

购买方	名　　称：芜湖康源美家居商城 纳税人识别号：913402027890456784 地址、电话：芜湖市北京路 10 号 0553-66667703 开户行及账号：农业银行康源支行 150608378855884	密码区	03》21*&25*2/26-141\61 21350332132132100. -**6 23/031**212/-0313-03133 23203***/>055—03*2223

货物或应税劳务、服务名称	规格型号	单位	数量	单价	金额	税率	税额
*灯泡及类似品封装机零件*投光灯		个	50	268.00	13400.00	13%	1742.00
*灯泡及类似品封装机*水晶灯		个	70	960.00	67200.00	13%	8736.00
合　　计					¥80600.00		¥10478.00
价税合计（大写）	⊗玖万壹仟零柒拾捌圆整				（小写）¥91078.00		

销售方	名　　称：贝尔斯照明灯具制造有限公司 纳税人识别号：914489430284900129 地址、电话：深圳市宝安区西乡街 328 号 0755-25941111 开户行及账号：徽商银行松岗支行 1506080988830290	备注	

收款人：　复核：　开票人：董诗妍　销售方：（章）

税总函[2017]001号衡信印刷厂　第一联：记账联　销售方记账凭证

图 1.34　原始凭证

（19）2019 年 5 月 25 日，公司以自产景观灯 2 000 只对深圳鸿泰商场投资，经确认投资金额按公允价值 1 695 000.00 元（含税金额）进行计价，增值税税率 13%，具体如图 1.35 所示。

产品出库单　No 0949862

2019 年 5 月 25 日

发货单位：贝尔斯照明灯具制造有限公司

请领单位：深圳鸿泰商场　　　　　　　　　　　　　　发货仓库：产成品库

类别	品名及规格	单位	数量	单位成本	总成本	用途
产成品	景观灯	只	2 000	700.00	1 400 000.00	
合计金额：壹佰肆拾万圆整					1 400 000.00	

图 1.35　原始凭证

（二）实验任务

1. 完成发票采集。
2. 根据资料填写附表和主表。
3. 注意事项。

（1）项目业务所涉及的会计、税收法律法规政策截至 2019 年 9 月 30 日。

（2）实验项目税款所属期默认当前月份。

（3）计算结果以四舍五入方式保留两位小数。

（三）实验材料

具体实验材料见表 1.1、表 1.2、表 1.3、表 1.4、表 1.5、表 1.6、表 1.7、表 1.8、表 1.9、表 1.10、表 1.11。

表 1.1　进项采集

进项凭证类别	总份数	总税额	可抵扣份数	可抵扣税额
增值税专用发票				
税控机动车发票				
海关缴款书				
农产品收购发票				
农产品取得发票				
代扣代缴通用缴款书				
外贸企业进项税额				
合计				

表 1.2　销项采集

销项类别	正常发票/份	金额	税额
增值税专用发票			
税控机动车发票			

表 1.2（续）

销项类别	正常发票/份	金额	税额
增值税普通发票			
普通发票			
无票视同销售			
纳税检查调整			
合计			

表 1.3　进项税额转出

项目名称	非即征即退	即征即退
免税项目		
集体福利		
非正常损失		
简易计税方法征税项目用		
免抵退税办法不得抵扣的进项税额		
纳税检查调减进项税额		
经字专用发票信息表注明的进项税额		
上期留抵税额抵减欠税		
上期留抵税额退税		
其他应作进项税额转出的情形		

表 1.4　增值税纳税申报表（一般纳税人适用）

根据国家税收法律法规及增值税相关规定制定本表。纳税人不论有无销售额，均应按税务机关核定的纳税期限填写本表，并向当地税务机关申报

税款所属时间：　　年　月　日至　年　月　日　　　　填表日期：　　年　月　日

纳税人识别号：　　　　所属行业：

纳税人名称：　　法人代表姓名：　　注册地址：　　生产经营地址：

开户银行及账号：　　登记注册类型：　　电话号码：

项目		栏次	一般项目		即征即退项目	
			本月数	本年累计	本月数	本年累计
销售额	（一）按适用税率计税销售额	1				
	其中：应税货物销售额	2				
	应税劳务销售额	3				
	应税检查调整的销售额	4				
	（二）按简易办法计税销售额	5				
	其中：纳税检查调整的销售额	6				
	（三）免、抵、退办法出口销售额	7				
	（四）免税货物销售额	8				
	其中：免税货物销售额	9				
	免税劳务销售额	10				

表 1.4（续）

项目		栏次	一般项目		即征即退项目	
			本月数	本年累计	本月数	本年累计
税款计算	销项税额	11				
	进项税额	12				
	上期留抵税额	13				
	进项税额转出	14				
	免、抵、退应退税额	15				
	按适用税率计算的纳税检查应补缴税额	16				
	应抵扣税额合计	17＝12＋13－14－15+16				
	实际抵扣税额	18				
	应纳税额	19＝11－18				
	期末留抵扣额	20＝17－18				
	简易计税办法计算的应纳税额	21				
	按简易计税办法计算的纳税检查补缴税额	22				
	应纳税额减征额	23				
	应纳税额合计	24＝19+21－23				
税款缴纳	期初未缴税额（多缴为负数）	25				
	实收出口开具专用缴款书退税额	26				
	本期已缴税额	27＝28+29+30+31				
	①分次预缴税额	28				
	②出口开具专用缴款书预缴税额	29				
	③本期缴纳上期应纳税额	30				
	④本期缴纳欠缴税额	31				
	期末未缴税额（多缴为负数）	32＝24+25+26－27				
	其中：欠缴税额（≧0）	33＝25+26－27				
	本期应补（退）税额	34＝24－28－29				
	即征即退实际退税额	35				
	期初未缴查补税额	36				
	本期入库查补税额	37				
	期末未缴查补税额	38＝16+22+36－37				

表 1.5 增值税纳税申报表附件列资料（一）

（本期销售情况明细）

税款所属时间： 年 月 日至 年 月 日

纳税人名称：

项目及栏次				开具税控增值税专用发票		开具其他发票		未开具发票		纳税检查调整税额		价税合计			服务、不动产和无形资产扣除项目本期实际扣除金额	扣除后	
				销售额	销项（应纳）税额	销售额	销项（应纳）税额	销售额	销项（应纳）税额	销售额	销项（应纳）税额	销售额	销项（应纳）税额	价税合计		含税（免税）销售额	销项（应纳）税额
				1	2	3	4	5	6	7	8	9=1+3+5+7	10=2+4+6+8	11=9+10	12		
一、一般计税方法计税	全部征税项目	13%税率的货物及加工修理修配劳务	1														
		13%税率的服务、不动产和无形资产	2														
		9%税率的货物及加工修理修配劳务	3														
		9%税率的服务、不动产和无形资产	4														
		6%税率	5														
	其中：即征即退项目	即征即退货物及加工修理修配劳务	6														
		即征即退服务、不动产和无形资产	7														

表1.5（续）

项目及栏次				开具税控增值税专用发票		开具其他发票		未开具发票		纳税检查调整税额		价税合计			服务、不动产和无形资产扣除项目本期实际扣除金额	扣除后	
				销售额	销项（应纳）税额	销售额	销项（应纳）税额	销售额	销项（应纳）税额	销售额	销项（应纳）税额	销售额	销项（应纳）税额	价税合计		含税（免税）销售额	销项（应纳）税额
				1	2	3	4	5	6	7	8	9=1+3+5+7	10=2+4+6+8	11=9+10	12		
二、简易计税方法计税	全部征税项目	6%征收率	8														
		5%征收率的货物及加工修理修配劳务	9a														
		5%征收率的服务、不动产和无形资产	9b														
		4%征收率	10														
		3%征收率的货物及加工修理修配劳务	11														
		3%征收率的服务、不动产和无形资产	12														
		预征率	%	13a													
		预征率	%	13b													
		预征率	%	13c													
	其中：即征即退项目	即征即退货物及加工修理修配劳务	14														
		即征即退服务、不动产和无形资产	15														
三、免抵退税	货物及加工修理修配劳务		16														
	服务、不动产和无形资产		17														
四、免税	货物及加工修理修配劳务		18														
	服务、不动产和无形资产		19														

表 1.6　增值税纳税申报表附件列资料（二）

（本期进项税额明细）

税款所属时间：　　年　月　日至　　年　月　日

纳税人名称：（公章）　　　　　　　　　　　　　　　　金额单位：元（列至角分）

一、申报抵扣的进项税额				
项目	栏次	份数	金额	税额
（一）认证相符的税控增值税专用发票	1=2+3			
其中：本期认证相符且本期申报抵扣	2			
前期认证相符且本期申报抵扣	3			
（二）其他扣税凭证	4=5+6+7+8a+8b			
其中：海关进口增值税专用缴款书	5			
农产品收购发票或者其他销售发票	6			
代扣代缴税收缴款凭证	7			
加计扣除农产品进项税额	8a			
其他	8b			
（三）本期用于购建不动产的扣税凭证	9			
（四）本期用于抵扣的旅客运输服务扣税凭证	10			
（五）外贸企业进项税额抵扣证明	11			
当期申报抵扣进项税额合计	12=1+4+1			

二、进项税额转出额		
项目	栏次	
本期进项税转出额	13=14 至 23 之和	
其中：免税项目用	14	
集体福利、个人消费	15	
非正常损失	16	
简易计税方法征税项目用	17	
免抵退税办法不得抵扣的进项税额	18	
纳税检查调减进项税额	19	
红字专用发票信息表注明的进项税额	20	
上期留抵税额抵减欠税	21	
上期留抵税额退税	22	
其他应作进项税额转出的情形	23	

表 1.6（续）

三、待抵扣进项税额				
项目	栏次	份数	金额	税额
（一）认证相符的税控增值税专用发票	24			
期初已认证相符但未申报抵扣	25			
本期认证相符且本期未申报抵扣	26			
期末已认证相符但未申报抵扣	27			
其中：按照税法规定不允许抵扣	28			
（二）其他扣税凭证	29			
其中：海关进口增值税专用缴款书	30			
农产品收购发票或者销售发票	31			
代扣代缴税收缴款凭证	32			
其他	33			
	34			
四、其他				
项目	栏次	份数	金额	税额
本期认证相符的税控增值税专用发票				
代扣代缴税额				

表 1.7 增值税纳税申报表附件列资料（三）

增值税纳税申报表附件列资料（三）

（服务、不动产和无形资产扣除项目明细）

税款所属时间：　　年　月　日至　　年　月　日

纳税人名称：（公章）　　　　　　　　　　金额单位：元（列至角分）

项目及栏次		本期服务、不动产和无形资产价税合计额（免税销售额）	服务、不动产和无形资产扣除项目明细				
			期初余额	本期发生额	本期应扣除金额	本期实际扣除金额	期末余额
		1	2	3	4=2+3	5（5≦1 且≦4）	6=4−5
1	13%税率的项目						
2	9%税率的项目						
3	6%税率的项目（不含金融商品转让）						
4	6%税率的金融商品转让项目						
5	5%税率的项目						
6	3%税率的项目						
7	免抵退税的项目						
8	免税的项目						

表 1.8　增值税纳税申报表附件列资料（四）

增值税纳税申报表附件列资料（四）

（税额抵减情况表）

税款所属时间：　年　月　日至　年　月　日

纳税人名称：（公章）　　　　　　　　　　　　　　金额单位：元（列至角分）

序号	抵减项目	期初余额	本期发生额	本期应抵减税额	本期实际抵减税额	期末余额
		1	2	3=1+2	4≦3	5=3-4
1	增值税税控系统专用设备费及技术维护费					
2	分支机构预征缴纳税款					
3	建筑服务预征缴纳税款					
4	销售不动产预征缴纳税款					
5	出租不动产预征缴纳税款					

表 1.9　增值税减免税申报明细表

增值税减免税申报明细表

[M]. 税款所属时间：　年　月　日至　年　月　日

纳税人名称：（公章）　　　　　　　　　　　　　　金额单位：元（列至角分）

一、减税项目						
减税性质代码及名称	栏次	期初余额	本期发生额	本期应抵减税额	本期实际抵减税额	期末余额
		1	2	3=1+2	4≦3	5=3-4
合计	1					
	2					
	3					
	4					
	5					
	6					

表 1.9（续）

免税项目						
免税性质代码及名称	栏次	免征增值税项目销售额	免税销售额扣除项目本期实际扣除金额	扣除后免税销售额	免税销售额对应的进项税额	免税额
		1	2	3=1-2	4	5
合计	7					
出口免税	8					
其中：跨境服务	9					
	10					
	11					
	12					
	13					
	14					
	15					
	16					

表 1.10　代扣代缴税收通用缴款书抵扣清单

代扣代缴税收通用缴款书抵扣清单

纳税人识别号：			税款所属期：		
主管税务机关名称：			主管税务机关编码：		金额单位：元至角分
纳税名称：					
扣缴人纳税人识别号	扣缴人名称	征收机关名称	代扣代缴项目	代扣代缴凭证编号	税额
合计					

表 1.11　成品油购销存情况明细表

单位名称（公章）：　　　　　　　　　　金额单位：元（列至角分）

油品型号	期初库存				本期入库				本期出库						期末库存			
	数量		金额		数量		金额		应税部分		非应税部分				数量		金额	
	自购	代储	自购	代储	自购	代储	自购	代储	数量	金额	自购	代储	自购	代储	自购	代储	自购	代储
	1	2	3	4	5	6	7	8	9	10	11	12	13	14	15	16	17	18
合计																		
注：本表逻辑关系式为：15 = 1+5−9−11；16 = 2+6−12；17 = 3+7−10−13																		

四、增值税一般纳税人申报实验（税友财刀网税务实训平台）

（一）实验操作指南

1. 打开实训平台（见图 1.36）

图 1.36　实训平台

2. 登录平台（见图 1.37）

图 1.37　登录平台

3. 进入实训平台界面（见图 1.38）

图 1.38　实训平台界面

4. 点击右边菜单栏的“增值税—一般纳税人申报”，进入操作界面（见图 1.39）

图 1.39　操作界面 1

5. 修改税款所属期（见图 1.40）

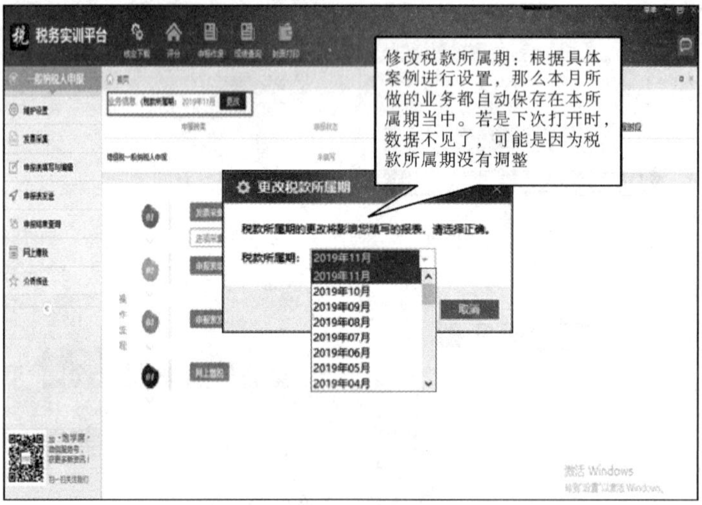

图 1.40　操作界面 2

6. 核定下载（见图 1.41）

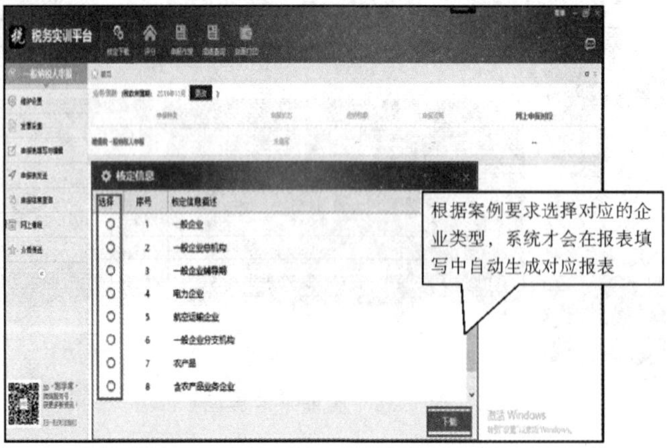

图 1.41　操作界面 3

7. 发票采集—进项采集—准予扣除（见图 1.42）

根据案例，业务涉及进项凭证，分类录入或导入（见图 1.43）。

图 1.42　操作界面 4

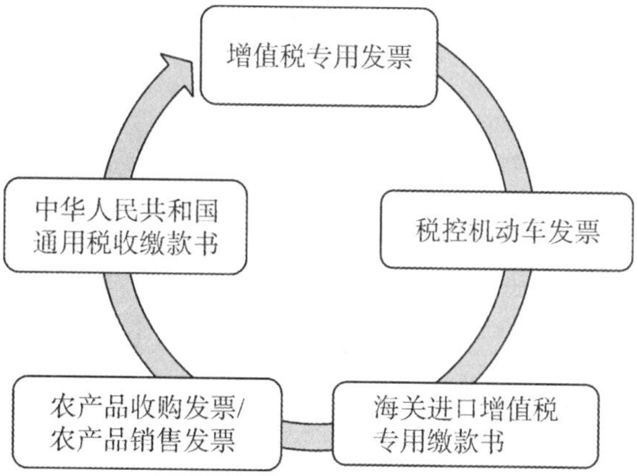

图 1.43　操作流程

8. 发票采集—销项采集（见图 1.44）

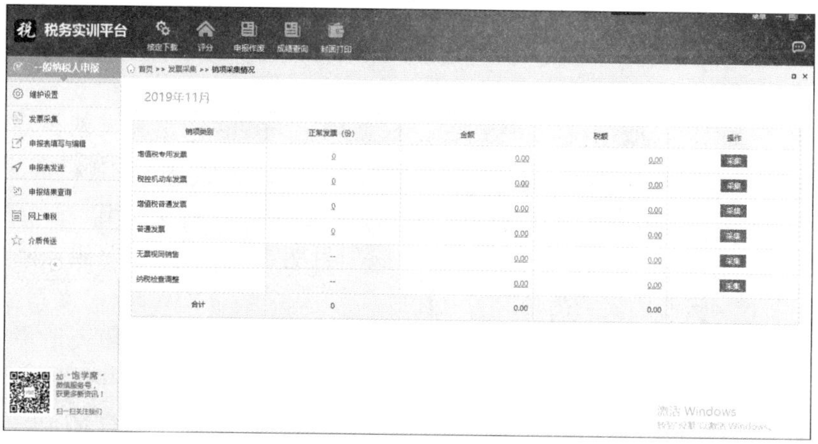

图 1.44　操作界面 5

9. 进项税额转出（见图 1.45）

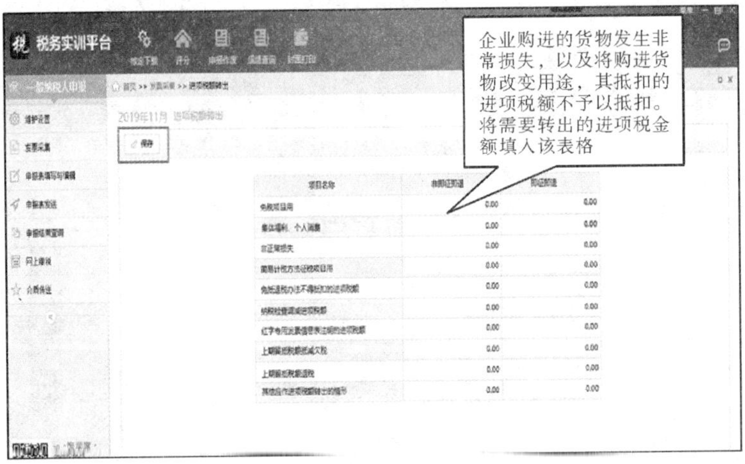

图 1.45　操作界面 6

10. 申报表填写（见图 1.46）

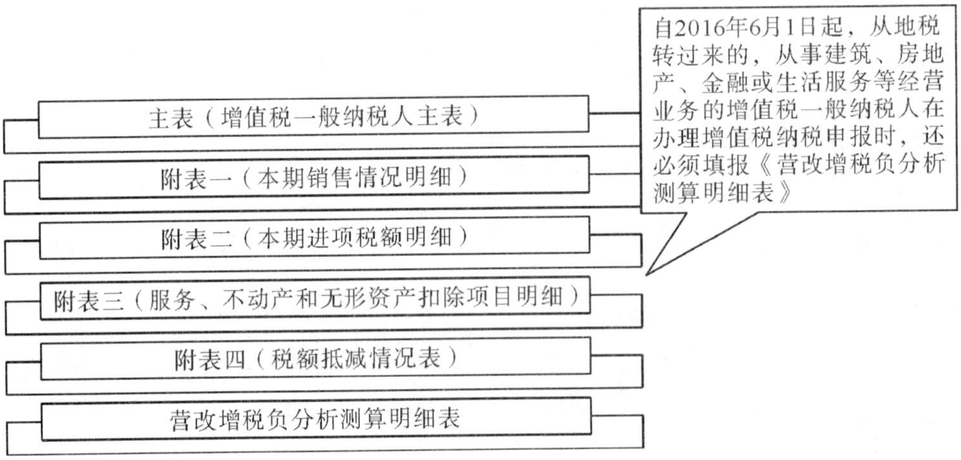

图 1.46　申报表填写内容

1. 附表一：大部分数据由销项采集自动生成，第 12 列~14 列由差额扣除项目的纳税人填写。

2. 主表（增值税一般纳税人申报表）：根据规定纳税人无论有无销售额，均应按税务机关核定的纳税期限填写本表，保存并申报。如有上期留抵税额，需手动录入。应纳税额=当期销项税额-当期进项税额-上期留底税额+进项税额转出。

3. 附表三（服务、不动产和无形资产扣除项目明细）：适用于差额扣除项目的纳税人填报。本表反映的金额全都是价税合计数。

4. 附表四（税额抵减情况表）：用于填写存在预缴增值税的纳税人填报（增值税税控设备、分支机构、出租不动产预征缴纳税款）。

5. 所有表不管有没有业务发生额，都要点击保存。最终如图 1.47 所示：

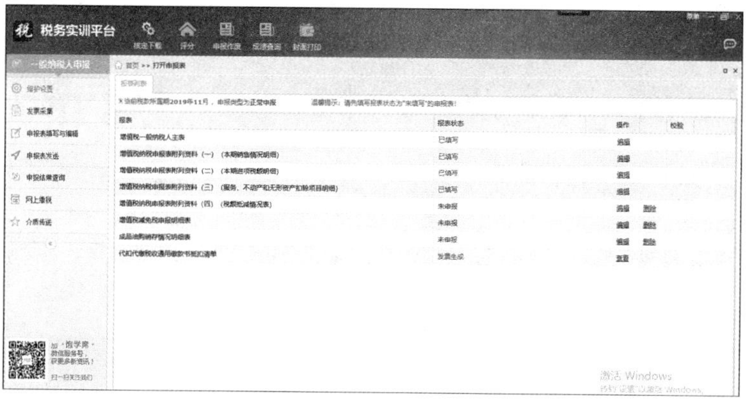

图 1.47　操作界面 7

11. 申报表发送（见图 1.48）

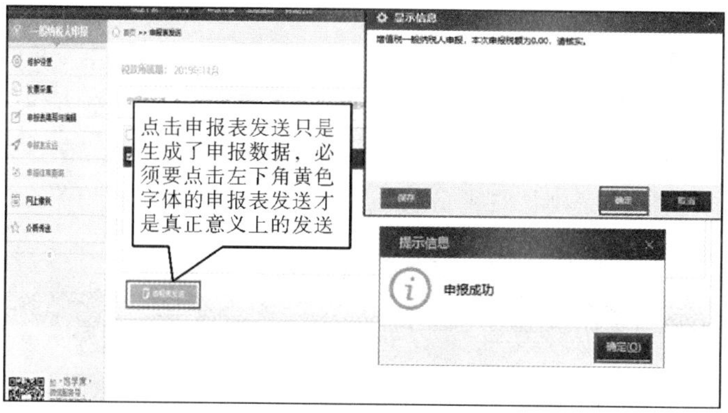

图 1.48　操作界面 8

12. 申报结果查询（见图 1.49）

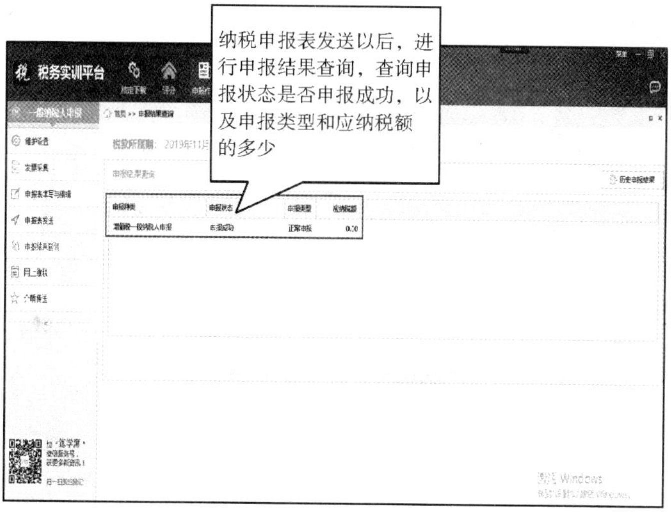

图 1.49　操作界面 9

13. 网上缴税（见图 1.50）

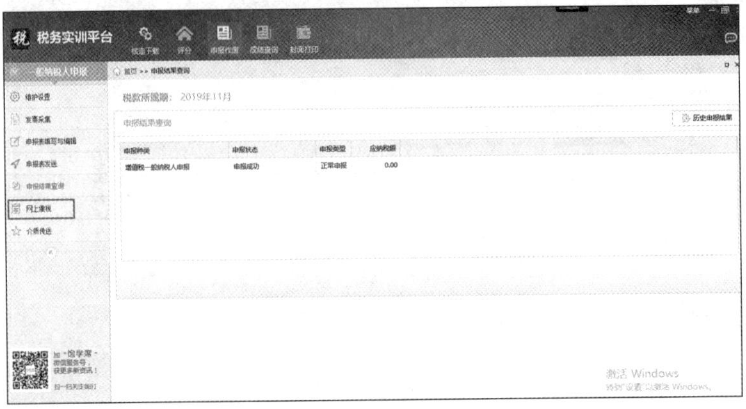

图 1.50　**操作界面** 10

14. 评分（见图 1.51）

整月的业务做完以后，点击评分功能，系统会自动输出得分。此次选择的案例名称与税款所属期一定要与自己所做的案例一致，否则 0 分。系统评分后如对实训成绩有疑问可通过右上角的“成绩查询”功能进行查找错误知识点，有针对性地学习和修改。黑色字体显示为操作正确，获得分数；红色字体显示为错误操作，没有获得分值。学生可从中了解到自己错误的地方，进行修改。

指标	学生答案	正确答案
销售额-按适用税率计税销售额-一般项目-本月数	0	430189.71
税款计算-销项税额-一般项目-本月数	0	55924.66
税款计算-进项税额-一般项目-本月数	7800	25380.05
税款计算-进项税额转出-一般项目-本月数	0	1300.00
税款计算-应纳税额-一般项目-本月数	0	31844.61
税款计算-应纳税额合计-一般项目-本月数	0	31844.61
税款缴纳-本期应补（退）税额-一般项目-本月数	0	31844.61

图 1.51　**操作界面** 11

15. 申报作废（见图 1.52）

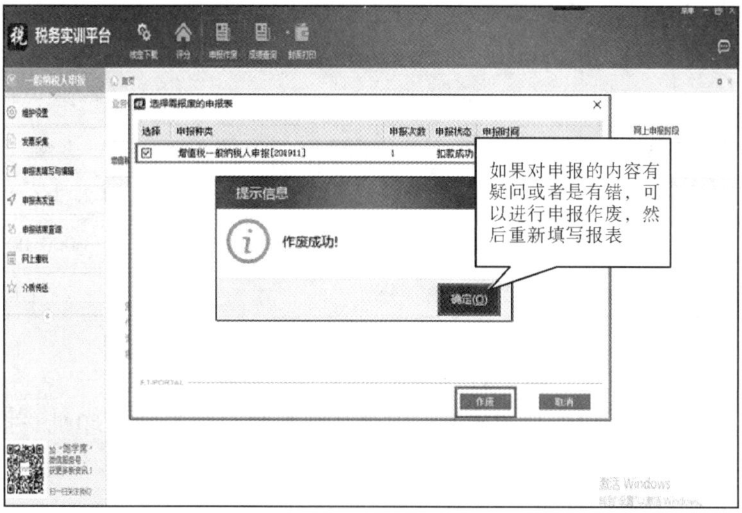

图 1.52　操作界面 12

作废后需对原填写的附表和主表进行删除，进入打开申报表界面（需窗口最大化或拉动流动条，才能看到删除键），才能进行修改发票采集的相关信息，重新填表。

（二）实验资料

1. 案例 1

注：该案例对应实训平台案例 3，在实训平台评分时需选择案例 3。

福州众城贸易有限公司为 2018 年 7 月 1 日成立的一般纳税人，2019 年 5 月份其主要业务如下：

（1）5 月 4 日，公司收到福建航天信息科技有限公司开具的防伪税控技术维护费发票 407.00 元，款项已预付，票据如图 1.53 所示。

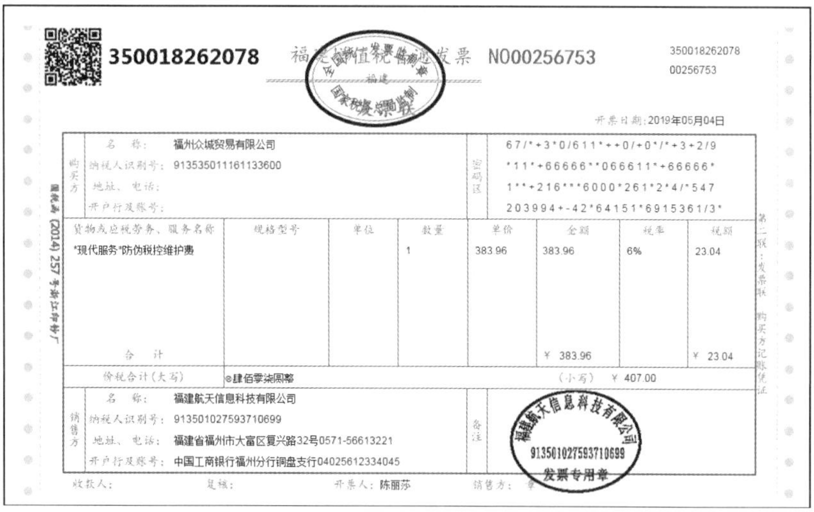

图 1.53　原始凭证

（2）5 月 10 日，公司向个人销售打印机一批，含税金额为 191 500.00 元，款项暂未收取，货物已发出，具体如图 1.54 所示。

众城送货单

客户名称：个人　　　　2019 年 5 月 10 日

名称	规格	单位	数量	单价	金额	备注
打印机	5860SP	台	33	4 500	148 500.00	
打印机	5860SP+	台	10	4 300	43 000.00	
合计金额：壹拾玖万壹仟伍佰零拾零元零角零分					¥191 500.00	

图 1.54　原始凭证

（3）5 月 14 日，公司向泉州市海洋电脑科技有限公司销售打印机一批，含税金额为 134 054.70 元，开具增值税专用发票，款项暂未收取，具体如图 1.55、图 1.56 所示。

3500182140　　福建增值税专用发票　　NO 01023652　　3500182140 01023652

此联不作报销、扣税凭证使用

开票日期：2019 年 05 月 14 日

购买方	名　　称：泉州市海洋电脑科技有限公司 纳税人识别号：913505032600439639 地 址、电 话：泉州市丰泽区丰盛假日城堡 开户行及账号：丰泽农行营业部 13-510701040004	密码区	03》21*&25*2/26-141\61 21350332132132100.-**6 23/031**212/-0313-03133 23203***/>055—03*2223

货物或应税劳务、服务名称	规格型号	单位	数量	单价	金额	税率	税额
*计算机外部设备*四通存折打印	CK15860+SP	台	14	3076.923	43076.92	13%	5600.00
*计算机外部设备*四通存折打印	CK15860SP	台	5	3247.863	16239.32	13%	2111.11
合　　计					¥59316.24		¥7711.11
价税合计（大写）	⊗陆万柒仟零贰拾柒圆叁角伍分					（小写）	¥67027.35

销售方	名　　称：福州众城贸易有限公司 纳税人识别号：91353501116113360059 地 址、电 话：福州洪山科技园 开户行及账号：福州市农行西城所 110501040000	备注	

收款人：　　复核：　　开票人：陈盈　　销售方：（章）

税总函[2017]001 号衡信印刷

第一联：记账联　销售方记账凭证

图 1.55　原始凭证 1

3500182140　福建增值税专用发票　N0 01023653

3500182140
01023653

此联不作报销、扣税凭证使用

开票日期：2019 年 05 月 14 日

购买方		密码区
名　　称：泉州市海洋电脑科技有限公司		03》21*&25*2/26-141\61
纳税人识别号：913505032600439639		21350332132132100.-**6
地 址、电 话：泉州市丰泽区丰盛假日城堡		23/031**212/-0313-03133
开户行及账号：丰泽农行营业部 13-510701040004		23203***/>055—03*2223

货物或应税劳务、服务名称	规格型号	单位	数量	单价	金额	税率	税额
*计算机外部设备*四通存折打印	CK15860+SP	台	14	3076.923	43076.92	13%	5600.00
*计算机外部设备*四通存折打印	CK15860SP	台	5	3247.863	16239.32	13%	2111.11
合　　计					￥59316.24		￥7711.11
价税合计（大写）	⊗陆万柒仟零贰拾柒圆叁角伍分				（小写）￥67027.35		

销售方	备注
名　　称：福州众城贸易有限公司	
纳税人识别号：91353501116113360059	
地 址、电 话：福州洪山科技园	
开户行及账号：福州市农行西城所 110501040000	

收款人：　　复核：　　开票人：陈盈　　销售方：（章）

税总函[2017]001号衡信印制

第一联：记账联　销售方记账凭证

图 1.56　原始凭证 2

（4）5 月 22 日，公司从建瓯市启创信息技术有限公司购入办公用的电脑 20 台，含税金额为 93 683.76 元，收到增值税专用发票一份，款项暂未支付，具体如图 1.57、图 1.58所示。

3500183140　福建增值税专用发票　N0 01955949

3500183140
01955949

抵扣联

开票日期：2019 年 05 月 22 日

购买方	密码区
名　　称：福州众城贸易有限公司	03》21*&25*2/26-141\61
纳税人识别号：913535011161133600	21350332132132100.-**6
地 址、电 话：福州洪山科技园	23/031**212/-0313-03133
开户行及账号：福州市农行西城所 110501040000	23203***/>055—03*2223

货物或应税劳务、服务名称	规格型号	单位	数量	单价	金额	税率	税额
*电子计算机*电脑		台	20	4145.299	82905.98	13%	10777.78
合　　计					￥82905.98		￥10777.78
价税合计（大写）	⊗玖万叁仟陆佰捌拾叁圆柒角陆分				（小写）￥93683.76		

销售方	备注
名　　称：建瓯市启创信息技术有限公司	建瓯市启创信息技术有限公司 913507835917271639 发票专用章
纳税人识别号：913507835917271639	
地 址、电 话：建瓯市下西河 77335555	
开户行及账号：中国农业银行建瓯市支行 13950101040029	

收款人：　　复核：　　开票人：黄慧娟　　销售方：（章）

税总函[2017]001号衡信印制厂

第二联：抵扣联　购买方抵扣凭证

图 1.57　原始凭证 1

3500183140 福建增值税专用发票 NO 01955949 3500183140 01955949

发票联

开票日期：2019 年 05 月 22 日

购买方	名　　称：福州众城贸易有限公司 纳税人识别号：913535011161133600 地 址、电 话：福州洪山科技园 开户行及账号：福州市农行西城所 110501040000	密码区	03》21*&25*2/26-141\61 21350332132132100.-**6 23/031**212/-0313-03133 23203***/>055—03*2223

货物或应税劳务、服务名称	规格型号	单位	数量	单价	金额	税率	税额
*电子计算机*电脑		台	20	4145.299	82905.98	13%	10777.78
合　计					¥82905.98		¥10777.78
价税合计（大写）	⊗玖万叁仟陆佰捌拾叁圆柒角陆分				（小写）¥93683.76		

销售方	名　　称：建瓯市启创信息技术有限公司 纳税人识别号：913507835917271639 地 址、电 话：建瓯市下西河 77335555 开户行及账号：中国农业银行建瓯市支行 13950101040029	备注	建瓯市启创信息技术有限公司 913507835917271639 发票专用章

收款人：　复核：　开票人：黄慧娟　销售方：（章）

税总函[2017]001号海南华森实业公司

第三联：发票联 购买方记账凭证

图 1.58　原始凭证 2

（5）5 月 24 日，公司从北京四通新技术产业有限公司购入打印机一批，含税金额为 492 564.11 元，收到增值税专用发票一份，款项暂未支付，具体如图 1.59、图 1.60 所示。

1100183140 北京增值税专用发票 NO 04925973 3500183140 04925973

抵扣联

开票日期：2019 年 05 月 24 日

购买方	名　　称：福州众城贸易有限公司 纳税人识别号：913535011161133600 地 址、电 话：福州洪山科技园 开户行及账号：福州市农行西城所 110501040000	密码区	03》21*&25*2/26-141\61 21350332132132100.-**6 23/031**212/-0313-03133 23203***/>055—03*2223

货物或应税劳务、服务名称	规格型号	单位	数量	单价	金额	税率	税额
*计算机外部设备*打印机	5860SP	台	100	2991.4350	299145.30	13%	38888.89
*计算机外部设备*打印机	5860SP+	台	50	2735.0428	136752.14	13%	17777.78
合　计					¥435897.44		¥56666.67
价税合计（大写）	⊗肆拾玖万贰仟伍佰陆拾肆圆壹角壹分				（小写）¥492564.11		

销售方	名　　称：北京四通新技术产业有限公司 纳税人识别号：110111051020519419 地 址、电 话：北京市海淀区上园村 开户行及账号：华夏银行中关村支行 431-819136	备注	北京四通新技术产业有限公司 110111051020519419 发票专用章

收款人：　复核：　开票人：邱萍萍

税总函[2017]001号海南华森实业公司

第二联：抵扣联 购买方扣税凭证

图 1.59　原始凭证 1

1100183140 北京增值税专用发票 NO 04925973

1100183140
04925973

发票联

开票日期：2019年05月24日

购买方	名　　称：福州众城贸易有限公司 纳税人识别号：913535011161133600 地 址、电 话：福州洪山科技园 开户行及账号：福州市农行西城所 110501040000	密码区	03》21*&25*2/26-141\61 21350332132132100.-**6 23/031**212/-0313-03133 23203***/>055—03*2223

货物或应税劳务、服务名称	规格型号	单位	数量	单价	金额	税率	税额
*计算机外部设备*打印机	5860SP	台	100	2991.4350	299145.30	13%	38888.89
*计算机外部设备*打印机	5860SP+	台	50	2735.0428	136752.14	13%	17777.78
合　　计					¥435897.44		¥56666.67
价税合计（大写）	ⓧ肆拾玖万贰仟伍佰陆拾肆圆壹角壹分				（小写）¥492564.11		

销售方	名　　称：北京四通新技术产业有限公司 纳税人识别号：110111051020519419 地 址、电 话：北京市海淀区上园村 开户行及账号：华夏银行中关村支行 431-819136	备注	北京四通新技术产业有限公司 110111051020519419 发票专用章

收款人：　　复核：　　开票人：邱萍萍　　销售方：（章）

第三联：发票联　购买方记账凭证

税总函[2017]001号[illegible]印制厂

图 1.60　原始凭证 2

（6）5月25日，公司收到福州德刊物流有限公司开具的运费增值税专用发票一份，含税金额981.98元，款项暂未支付，具体如图1.61、图1.62所示。

3500184710 福建增值税专用发票 NO 01808147

3500184710
01808147

抵扣联

开票日期：2019年05月25日

购买方	名　　称：福州众城贸易有限公司 纳税人识别号：913535011161133600 地 址、电 话：福州洪山科技园 开户行及账号：福州市农行西城所 110501040000	密码区	03》21*&25*2/26-141\61 21350332132132100.-**6 23/031**212/-0313-03133 23203***/>055—03*2223

货物或应税劳务、服务名称	规格型号	单位	数量	单价	金额	税率	税额
*运输服务*运费					900.90	9%	81.08
合　　计					¥900.90		¥81.08
价税合计（大写）	ⓧ玖佰捌拾壹圆玖角捌分				（小写）¥981.98		

销售方	名　　称：福州德刊物流有限公司 纳税人识别号：913501005931289679 地 址、电 话：福州复兴路22号 开户行及账号：中国建设银行福州支行 04024612434045	备注	起运地： 到达地：洪山科技园 福州德刊物流有限公司 913501005931289679 发票专用章

收款人：　　复核：　　开票人：　　销售方：（章）

第二联：抵扣联　购买方抵扣凭证

税总函[2017]001号[illegible]印制厂

图 1.61　原始凭证 1

3500184710　　福建增值税专用发票　　NO 01808147

发票联

3500184710
01808147

开票日期：2019 年 05 月 25 日

购买方	名　　称：福州众城贸易有限公司 纳税人识别号：913535011161133600 地 址、电 话：福州洪山科技园 开户行及账号：福州市农行西城所 110501040000	密码区	03》21*&25*2/26-141\61 21350332132132100. -**6 23/031**212/-0313-03133 23203***/>055—03*2223

货物或应税劳务、服务名称	规格型号	单位	数量	单价	金额	税率	税额
*运输服务*运费					900.90	9%	81.08
合　计					¥900.90		¥81.08
价税合计（大写）	ⓧ玖佰捌拾壹圆玖角捌分				（小写）¥981.98		

销售方	名　　称：福州德刊物流有限公司 纳税人识别号：913501005931289679 地 址、电 话：福州复兴路 22 号 开户行及账号：中国建设银行福州支行 04024612434045	备注	起运地：福州复兴 到达地：洪山科技园

收款人：　　复核：　　开票人：　　销售方：（章）

税总函[2017]001号衡信印制

第三联：发票联　购买方记账凭证

图 1.62　原始凭证 2

（7）5 月 26 日，公司向泉州海洋电脑科技有限公司销售打印机一批，含税金额为 134 054.70 元，开具增值税专用发票，款项暂未收取，具体如图 1.63、图 1.64 所示。

3500182140　　福建增值税专用发票　　NO 01023655

此联不作报销、扣税凭证使用

3500182140
01023655

开票日期：2019 年 05 月 26 日

购买方	名　　称：泉州市海洋电脑科技有限公司 纳税人识别号：913505032600439639 地 址、电 话：泉州市丰泽区丰盛假日城堡 开户行及账号：丰泽农行营业部 13-510701040004	密码区	03》21*&25*2/26-141\61 21350332132132100. -**6 23/031**212/-0313-03133 23203***/>055—03*2223

货物或应税劳务、服务名称	规格型号	单位	数量	单价	金额	税率	税额
*计算机外部设备*四通存折打印	CK15860+SP	台	14	3076.923	43076.92	13%	5600.00
*计算机外部设备*四通存折打印	CK15860SP	台	5	3247.863	16239.32	13%	2111.11
合　计					¥59316.24		¥7711.11
价税合计（大写）	ⓧ陆万柒仟零贰拾柒圆叁角伍分				（小写）¥67027.35		

销售方	名　　称：福州众城贸易有限公司 纳税人识别号：91353501116113360059 地 址、电 话：福州洪山科技园 开户行及账号：福州市农行西城所 110501040000	备注	

收款人：　　复核：　　开票人：陈盈　　销售方：（章）

税总函[2017]001号衡信印制

第一联：记账联　销售方记账凭证

图 1.63　原始凭证 1

3500182140　福建增值税专用发票　NO 01023656

此联不作报销、扣税凭证使用

3500182140
01023656

开票日期：2019 年 05 月 26 日

购买方	名　　称：泉州市海洋电脑科技有限公司 纳税人识别号：913505032600439639 地 址、电 话：泉州市丰泽区丰盛假日城堡 开户行及账号：丰泽农行营业部 13-510701040004	密码区	03》21*&25*2/26-141\61 21350332132132100.-**6 23/031**212/-0313-03133 23203***/>055—03*2223

货物或应税劳务、服务名称	规格型号	单位	数量	单价	金额	税率	税额
*计算机外部设备*四通存折打印	CK15860+SP	台	14	3076.923	43076.92	13%	5600.00
*计算机外部设备*四通存折打印	CK15860SP	台	5	3247.863	16239.32	13%	2111.11
合　计					¥59316.24		¥7711.11
价税合计（大写）	ⓧ陆万柒仟零贰拾柒圆叁角伍分				（小写）¥67027.35		

销售方	名　　称：福州众城贸易有限公司 纳税人识别号：91353501116113360059 地 址、电 话：福州洪山科技园 开户行及账号：福州市农行西城所 110501040000	备注	

收款人：　复核：　开票人：陈盈　销售方：（章）

税总函[2017]001号衡信印刷

第一联：记账联　销售方记账凭证

图 1.64　原始凭证 2

（8）5 月 28 日，公司向福州晋安区燕新贸易商行销售打印机一批，含税金额为 225 600.00元，款项暂未收取，货物已发出，具体如图 1.65 所示。

众城送货单

客户名称：福州市晋安区燕新贸易商行　　2019 年 5 月 28 日

名称	规格	单位	数量	单价	金额	备注
打印机	5860SP	台	45	4 000	180 000. 00	
打印机	5860SP+	台	12	3 800	45 600. 00	
合计金额：贰拾贰万伍仟陆佰零拾零元零角零分					¥225 600. 00	

图 1.65　原始凭证

（三）实验任务

1. 在实训平台完成发票采集。

2. 在实训平台根据资料填写附表和主表。

3. 注意事项。

（1）项目业务所涉及的会计、税收法律法规政策截至 2019 年 9 月 30 日。

（2）实验项目税款所属期默认当前月份，电脑系统日期后于案例税款所属期。

（3）计算结果以四舍五入方式保留两位小数。

（4）业务 1 全额抵减，业务 2 和业务 8 视同销售。

（5）评分时要注意选择业务日期和案例号。

实验项目二 增值税小规模纳税人纳税申报实验

一、实验目的

1. 熟悉、掌握增值税小规模纳税人纳税申报表填写及申报原理。

2. 熟悉增值税小规模纳税人不含税销售额公式计算及小规模纳税人征收率。

3. 熟悉、掌握《中华人民共和国增值税法》及《中华人民共和国增值税暂行条例》基本原理。

二、知识拓展

1. 计算公式

根据《中华人民共和国增值税暂行条例实施细则》规定，小规模纳税人的销售额不包括其应纳税额。

小规模纳税人销售货物或应税劳务采用销售额和应纳税额合并定价方法的，按下列公式计算销售额：

销售额=含税销售额÷（1+征收率）

根据《中华人民共和国增值税暂行条例》规定，小规模纳税人销售货物或应税劳务，实行按照销售额和征收率计算应纳税额的简易办法，且不得抵扣进项税额。应纳税额计算公式：

应纳税额=销售额×征收率

2. 征收率

自2009年1月1日起全国的小规模纳税人征收率统一为3%。

《财政部 国家税务总局关于简并增值税征收率政策的通知》（财税〔2014〕57号）将纳税人销售旧货的增值税从原财税〔2009〕9号通知中的“按照简易办法依照4%征收率减半征收增值税”调整为“按照简易办法依照3%征收率减按2%征收增值税”。

（1）征收率（一般性规定）

小规模纳税人	3%的法定征收率	小规模纳税人销售货物、提供应税劳务和服务一般适用于3%征收率	销售额=含税销售额/（1+3%） 应纳税款=销售额 * 3%
	依照3%征收率减按2%征收	小规模纳税人（除其他个人外）销售自己使用过的固定资产	销售额=含税销售额/（1+3%） 应纳税款=销售额 * 2%

（2）征收率（特定行业征收率规定——房地产开发企业）

小规模纳税人	5%	房地产开发企业中的小规模纳税人，销售自行开发的房地产项目，按照5%的征收率计税

（3）征收率（特定行业征收率规定——转让不动产）

小规模纳税人	5%	小规模纳税人销售其取得（不含自建）的不动产（不含个体工商户销售购买的住房和其他个人销售不动产），应以取得的全部价款和价外费用减去该项不动产购置原价或者取得不动产时的作价后的余额作为销售额，按照5%的征收率计算应纳税额
	5%	小规模纳税人销售其自建的不动产，应以取得的全部价款和价外费用为销售额，按照5%的征收率计算应纳税额

（4）征收率（特定行业征收率规定——不动产经营租赁服务）

小规模纳税人	5%	小规模纳税人出租其取得的不动产（不含个人出租住房），应按5%的征收率计算应纳税额

（5）预征率——跨县市提供建筑服务

小规模纳税人	3%	试点纳税人中的小规模纳税人提供跨县（市）提供建筑服务，选择简易计税应以取得的全部价款和价外费用扣除支付的分包款后的余额为销售额按3%征收率计征增值税

3. 下列按简易办法征收增值税的优惠政策继续执行，不得抵扣进项税额，纳税人销售自己使用过的物品，按下列政策执行：

（1）一般纳税人销售自己使用过的属于条例第十条规定的不得抵扣且未抵扣进项税额的固定资产，按简易办法依照3%征收率减按2%征收增值税。

一般纳税人销售自己使用过的其他固定资产，应按照《财政部 国家税务总局关于全国实施增值税转型改革若干问题的通知》（财税〔2008〕170号）第四条的规定执行。

一般纳税人销售自己使用过的除固定资产以外的物品，应当按照适用税率征收增值税。

（2）小规模纳税人（除其他个人外，下同）销售自己使用过的固定资产，减按2%征收率征收增值税。

小规模纳税人销售自己使用过的除固定资产以外的物品，应按3%的征收率征收增值税。

自 2019 年 1 月 1 日起，增值税小规模纳税人以所有增值税应税销售行为（包括销售货物、劳务、服务、无形资产和不动产）合并计算销售额，合计月销售额未超过 10 万元（季度销售额未超过 30 万元，下同）的，免征增值税。

4. 统一增值税小规模纳税人标准。

2021 年起小微企业小规模纳税人增值税从 3%降为 1%，年销售额标准由 50 万元和 80 万元上调至 500 万元，并在一定期限内允许已登记为一般纳税人的企业转登记为小规模纳税人，让更多企业享受按较低征收率计税的优惠。具体转登记规定参照国家税务总局公告 2018 年第 18 号。

三、实验操作流程

具体实验操作流程如图 2. 1 所示。

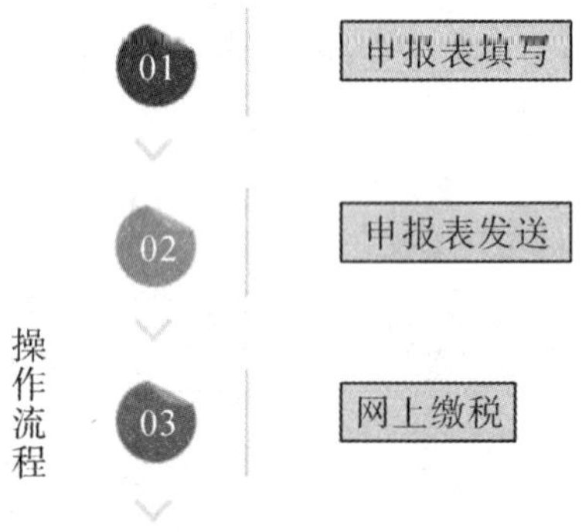

图 2. 1　实验操作流程

注：对模拟企业的业务进行分析、归集和计算，先填附表，再填主表。

四、增值税小规模纳税人纳税申报实验（手工）

（一）实验资料

深圳市菱电制冷设备销售有限公司为增值税小规模纳税人，2019 年 2 月其主要业务如下：

1. 企业为安民农副产品贸易有限公司销售了 150 套空调专用铜管及过滤网设备，共计 48 000 元。款项未收回。具体如图 2. 2 所示。

044031901105　　深圳增值税普通发票　　NO 00091688　　044031901105 00091688

此联不作报销、扣税凭证使用

开票日期：2019 年 02 月 05 日

购买方	名　　称：安民农副产品贸易有限公司 纳税人识别号：914400386718721905 地 址、电 话： 开户行及账号：	密码区	03》21*&25*2/26-141\61 21350332132132100.-**6 23/031**212/-0313-03133 23203***/>055—03*2223

货物或应税劳务、服务名称	规格型号	单位	数量	单价	金额	税率	税额
*家用电器配件*空调专用铜管及过滤网设备			150	310.6796	46601.94	3%	1398.06
合　　计					¥46601.94		¥1398.06
价税合计（大写）	⊗肆万捌仟圆整				（小写）¥48000.00		

销售方	名　　称：深圳市菱电制冷设备销售有限公司 纳税人识别号：91440300088450013U 地 址、电 话：深圳市罗湖区清水河红岗路 1299 号 0571-56328671 开户行及账号：深圳市建设银行罗湖支行 2367546245	备注	

收款人：　　复核：　　开票人：祁玲　　销售方：（章）

税总函[2017]001 号衡信印刷　　第一联：记账联 销售方记账凭证

图 2.2　原始凭证

2. 企业为深圳市兴隆建筑安装有限责任公司销售了 100 套空调不锈钢加厚版支架设备，共计 80 000 元，并同时进行空调移机、安装，共计 62 600 元，以上款项已经通过银行转账收讫。具体如图 2.3 所示。

044031901105　　深圳增值税普通发票　　NO 00091689　　044031901105 00091689

此联不作报销、扣税凭证使用

开票日期：2019 年 02 月 06 日

购买方	名　　称：深圳市兴隆建筑安装有限责任公司 纳税人识别号：914403867187219012 地 址、电 话： 开户行及账号：	密码区	03》21*&25*2/26-141\61 21350332132132100.-**6 23/031**212/-0313-03133 23203***/>055—03*2223

货物或应税劳务、服务名称	规格型号	单位	数量	单价	金额	税率	税额
*家用电器配件*空调不锈钢加厚版支架设备		套	100	776.699	77669.90	3%	2330.10
*建筑服务*空调移机、安装			1	60776.70	60776.70	3%	1823.30
合　　计					¥138446.60		¥4153.40
价税合计（大写）	⊗壹拾肆万贰仟陆佰圆整				（小写）¥142600.00		

销售方	名　　称：深圳市菱电制冷设备销售有限公司 纳税人识别号：91440300088450013U 地 址、电 话：深圳市罗湖区清水河红岗路 1299 号 0571-56328671 开户行及账号：深圳市建设银行罗湖支行 2367546245	备注	

收款人：　　复核：　　开票人：祁玲　　销售方：（章）

税总函[2017]001 号衡信印刷　　第一联：记账联 销售方记账凭证

图 2.3　原始凭证

3. 企业向深圳大润发有限公司销售冷库设备并安装，共取得收入 26 400 元，款项未收回。具体如图 2.4、图 2.5、图 2.6 所示。

044031901105　　深圳增值税普通发票　　NO 00091690　　044031901105 00091690

此联不作报销、扣税凭证使用

开票日期：2019 年 02 月 15 日

购买方	名　　称：深圳市大润发有限公司 纳税人识别号：914400386718721901 地 址、电 话： 开户行及账号：					密码区	03》21*&25*2/26-141\61 21350332132132100.-**6 23/031**212/-0313-03133 23203***/>055—03*2223	
货物或应税劳务、服务名称	规格型号	单位	数量	单价	金额	税率	税额	
*制冷空调设备*冷库设备			1	8543.69	8543.69	3%	256.31	
合　　计					¥8543.69		¥256.31	
价税合计（大写）	⊗捌仟捌佰圆整				（小写）¥8800.00			
销售方	名　　称：深圳市菱电制冷设备销售有限公司 纳税人识别号：91440300088450013U 地 址、电 话：深圳市罗湖区清水河红岗路 1299 号 0571-56328671 开户行及账号：深圳市建设银行罗湖支行 2367546245					备注		

收款人：　　复核：　　开票人：祁玲　　销售方：（章）

税总函[2017]001 号衡信印刷

第一联：记账联　销售方记账凭证

图 2.4　原始凭证 1

044031901105　　深圳增值税普通发票　　NO 00091691　　044031901105 00091691

此联不作报销、扣税凭证使用

开票日期：2019 年 02 月 15 日

购买方	名　　称：深圳市大润发有限公司 纳税人识别号：914400386718721901 地 址、电 话： 开户行及账号：					密码区	03》21*&25*2/26-141\61 21350332132132100.-**6 23/031**212/-0313-03133 23203***/>055—03*2223	
货物或应税劳务、服务名称	规格型号	单位	数量	单价	金额	税率	税额	
*制冷空调设备*冷库设备			1	8543.69	8543.69	3%	256.31	
合　　计					¥8543.69		¥256.31	
价税合计（大写）	⊗捌仟捌佰圆整				（小写）¥8800.00			
销售方	名　　称：深圳市菱电制冷设备销售有限公司 纳税人识别号：91440300088450013U 地 址、电 话：深圳市罗湖区清水河红岗路 1299 号 0571-56328671 开户行及账号：深圳市建设银行罗湖支行 2367546245					备注		

收款人：　　复核：　　开票人：祁玲　　销售方：（章）

税总函[2017]001 号衡信印刷

第一联：记账联　销售方记账凭证

图 2.5　原始凭证 2

044031901105　　深圳增值税普通发票　　N0 00091692　　044031901105 00091692

此联不作报销、扣税凭证使用

开票日期：2019 年 02 月 15 日

购买方	名　　称：深圳市大润发有限公司 纳税人识别号：914400386718721901 地 址、电 话： 开户行及账号：	密码区	03》21*&25*2/26-141\61 21350332132132100.-**6 23/031**212/-0313-03133 23203***/>055—03*2223

货物或应税劳务、服务名称	规格型号	单位	数量	单价	金额	税率	税额
*制冷空调设备*冷库设备			1	8543.69	8543.69	3%	256.31
合　　计					¥8543.69		¥256.31
价税合计（大写）	⊗捌仟捌佰圆整				（小写）¥8800.00		

销售方	名　　称：深圳市菱电制冷设备销售有限公司 纳税人识别号：91440300088450013U 地 址、电 话：深圳市罗湖区清水河红岗路 1299 号 0571-56328671 开户行及账号：深圳市建设银行罗湖支行 2367546245	备注	

收款人：　　复核：　　开票人：祁玲　　销售方：（章）

税总函[2017]001 号衡信印刷

第一联：记账联　销售方记账凭证

图 2.6　原始凭证 3

4. 2 月 20 日，公司销售自己使用过的固定资产，共收到含税收入 3 500.00 元，发票未开具；

5. 2 月 21 日，公司购置金税盘（公司初次购买增值税税控系统专用设备），取得增值税专用发票，不含税金额为 3 000 元，税额为 390 元。具体如图 2.7、图 2.8 所示。

4403190730　　深圳增值税专用发票　　N0 05046636　　4403190730 05046636

抵扣联

开票日期：2019 年 02 月 21 日

购买方	名　　称：深圳市菱电制冷设备销售有限公司 纳税人识别号：91440300088450013U 地 址、电 话：深圳市罗湖区清水河红岗路 1299 号 0571-56328671 开户行及账号：深圳市建设银行罗湖支行 2367546245	密码区	03》21*&25*2/26-141\61 21350332132132100.-**6 23/031**212/-0313-03133 23203***/>055—03*2223

货物或应税劳务、服务名称	规格型号	单位	数量	单价	金额	税率	税额
*信息安全产品*金税盘		个	6	500.00	3000.00	13%	390.00
合　　计					¥3000.00		¥390.00
价税合计（大写）	⊗叁仟叁佰玖拾圆整				（小写）¥3390.00		

销售方	名　　称：深圳市航天金税有限公司 纳税人识别号：914403007846113650 地 址、电 话：深圳市南山区高新一路 1 号 16732864 开户行及账号：招商银行深圳南山支行 817282295581	备注	深圳市航天金税有限公司 914403007846113650 发票专用章

收款人：　　复核：　　开票人：何秀秀　　销售方：（章）

税总函[2017]001 号衡信印制厂

第二联：抵扣联　购买方扣税凭证

图 2.7　原始凭证 1

4403180730 深圳增值税专用发票 NO 05046636

4403180730
05046636

开票日期：2019 年 02 月 21 日

购买方	名　　称：深圳市菱电制冷设备销售有限公司 纳税人识别号：91440300088450013U 地 址、电 话：深圳市罗湖区清水河红岗路 1299 号 0571-56328671 开户行及账号：深圳市建设银行罗湖支行 2367546245					密码区	03》21*&25*2/26-141\61 21350332132132100.-**6 23/031**212/-0313-03133 23203***/>055—03*2223	
货物或应税劳务、服务名称	规格型号	单位	数量	单价	金额	税率	税额	
*信息安全产品*金税盘		个	6	500.00	3000.00	13%	390.00	
合　计					¥3000.00		¥390.00	
价税合计（大写）	⊗叁仟叁佰玖拾圆整				（小写）¥3390.00			
销售方	名　　称：深圳市航天金税有限公司 纳税人识别号：914403007846113650 地 址、电 话：深圳市南山区高新一路 1 号 16732864 开户行及账号：招商银行深圳南山支行 817282295581					备注	深圳市航天金税有限公司 914403007846113650 发票专用章	

收款人：　　复核：　　开票人：何秀秀　　销售方：（章）

第三联：发票联　购买方记账凭证

图 2.8　原始凭证 2

（二）实验任务

1. 根据资料进行分析、归集和计算，先填附表，再填主表。

2. 注意事项。

（1）项目业务所涉及的会计、税收法律法规政策截至 2019 年 2 月 28 日。

（2）实验项目税款所属期默认当前月份。

（3）计算结果以四舍五入方式保留两位小数。

（4）业务 4 减按 2%征收，减免 1%，需填写表 2.2 增值税减免税申报明细表。

（5）业务 5 全额（3 480 元）减征，需填写表 2.2 增值税减免税申报明细表。

（三）实验材料

具体实验材料见表 2.1、表 2.2、表 2.3。

表 2.1　增值税纳税申报表（小规模纳税人适用）附列资料

税款所属期：　　　　　　　　年　月　日至　　年　月　日　　　　　　　　填表日期：

纳税人名称：（公章）　　　　　　　　　　　　　　　　　　　金额单位：元（列至角分）

应税行为（3%征收率）扣除额计算			
期初余额	本期发生额	本期扣除额	期末余额
1	2	3（3≦1+2 之和且 3≦5）	4=1+2−3
应税行为（3%征收率）计税销售额计算			
全部含税收入（适用 3%征收率）	本期扣除额	含说销售额	不含说销售额
5	6=3	7=5−6	8=7÷1.03
应税行为（5%征收率）扣除额计算			
期初余额	本期发生额	本期扣除额	期末余额
9	10	11（≦9+10 之和且 11≦13）	12=9+10−11
应税行为（5%征收率）计税销售额计算			
全部含税收入（适用 3%征收率）	本期扣除额	含说销售额	不含说销售额
13	14=11	15=13−14	16=15÷1.05

表 2.2　增值税减免税申报明细表

税款所属期：　　　　　　　　年　月　日至　　年　月　日　　　　　　　　填表日期：

纳税人名称：（公章）　　　　　　　　　　　　　　　　　　金额单位：元（列至角分）

减税性质代码及名称	栏次	期初余额	本期发生额	本期应抵减税额	本期实际抵减税额	期末余额
		1	2	3=1+2	4≦3	5=3-4
合计	1					
	2					
	3					
	4					
	5					
	6					
免税项目						
免税性质代码及名称	栏次	免征增值税项目销售额	免税销售额扣除项目本期实际扣除金额	扣除后免税销售额	免税销售额对应的进项税额	免税额
		1	2	3=1-2	4	5
合计	7					
出口免税	8					
其中：跨境服务	9					
	10					
	11					
	12					
	13					
	14					
	15					
	16					

表 2.3　增值税减免税申报明细表

增值税纳税申报表

（小规模纳税人适用）

纳税编码：

纳税人识别号：

纳税人名称（公章）

税款所属期：　　年 月　日至　　年　月　日　　　　　　　　　　　　填表日期：

项目		栏次	本期数		本年累计	
			货物及劳务	服务、不动产和无形资产	货物及劳务	服务、不动产和无形资产
一、计税依据	（一）应征增值税不含说销售额（3%）征收率	1				
	税务机关代开的增值税专用发票不含税销售额	2				
	税控器具开具的普通发票不含税销售额	3				
	（二）应征增值税不含税销售额（5%征收率）	4				
	税务机关代开的增值税专用发票不含税销售额	5				
	税控器具开具的普通发票不含税销售额	6				
	（三）销售使用过的应税固定资产不含税销售额 7（7≧8）	7(7≧8)				
	其中：税控器具开具的普通发票不含税销售额	8				
	（四）免税销售额	9＝10+11+12				
	其中：小微企业免税销售额	10				
	未达起征点销售额	11				
	其他免税销售额	12				
	（五）出口免税销售额	13≧14				
	其中：税控器具开具的普通发票销售额	14				
	核定销售额					

表 2.3（续）

项目		栏次	本期数		本年累计	
			货物及劳务	服务、不动产和无形资产	货物及劳务	服务、不动产和无形资产
二、税款计算	本期应纳税额	15				
	核定应纳税额					
	本期应纳税额减征额	16				
	本期免税额	17				
	其中：小微企业免税额	18				
	未达起征点免税额	19				
	应纳税额合计	20＝15－16				
	本期预缴税额	21				
	本期应补（退）税额	22＝20－21				

纳税人或代理人声明：本纳税申报表是根据国家税收法律法规及相关规定填报的，我确定它是真实的、可靠的、完整的。	如纳税人填报，由纳税人填写以下各栏：				
	办税人员：		财务负责人：		
	法定代表人：		联系电话：		
	如委托代理人填报，由代理人填写以下各栏：				
	代理人名称（公章）：		经办人：		
			联系电话：		
主管税务机关：	接收人：		接收日期：		

五、增值税小规模纳税人纳税申报实验（税友税务实训平台）

（一）实验操作指南

1. 登录实训平台。
2. 进入增值税小规模纳税人纳税申报子系统。
3. 操作流程（见图 2.9）。

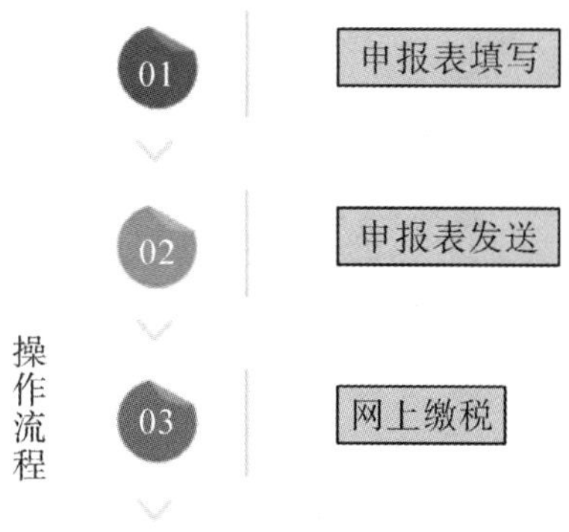

图 2.9 操作流程

4. 填写增值税减免税申报表（见图 2.10）

增值税减免税申报明细表						
税款所属时间：2019年02月01日 至 2019年02月28日						
纳税人名称（公章）：长安宝丰印刷厂						金额单位：元（列至角分）
		一、减税项目				
减税性质代码及名称	栏次	期初余额	本期发生额	本期应抵减税额	本期实际抵减税额	期末余额
		1	2	3=1+2	4≤3	5=3-4
合计	1	0.00	3513.98	3513.98	3513.98	0.00
0001129914|购置增值税税控系统专用设备抵减增值税|《财政部 国家税务总局关于增值税税控系统专用设备和技术维护费用抵减增值税税额有关政策的通知》财税〔2012〕15号	2	0.00	3480.00	3480.00	3480.00	0.00
0001129924|已使用固定资产减征增值税|《财政部 国家税务总局关于简并增值税征收率政策的通知》财税〔2014〕57号	3	0.00	33.98	33.98	33.98	0.00
	4			0.00		0.00
	5			0.00		0.00
	6			0.00		0.00
		二、免税项目				
免税性质代码及名称	栏次	免征增值税项目销售额	免税销售额扣除项目本期实际扣除金额	扣除后免税销售额	免税销售额对应的进项税额	免税额
		1	2	3=1-2	4	5
合 计	7	0.00	0.00	0.00	0.00	0.00
出口免税	8	0.00	—	—	—	—
其中：跨境服务	9	0.00	—	—	—	—
	10			0.00		
	11			0.00		
	12			0.00		

图 2.10　增值税减免税申报表填写页面

业务 4 减按 2%征收，减免 1%，需填写增值税减免税申报明细表。业务 5 全额（3 480元）减征，需填写表增值税减免税申报明细表。

5. 填写增值税纳税申报表（小规模纳税人适用）（见图 2.11）

报表列表　小规模纳税申报表

增值税纳税申报表（小规模纳税人适用）						
纳税编码：						
纳税人识别号：	440113667005836					
纳税人名称（公章）	长安宝丰印刷厂					金额单位：元至角分
税款所属期：	2019年02月01日 至 2019年02月28日		填表日期：	2019年03月15日		
	项目	栏次	本期数		本年累计	
			货物及劳务	服务、不动产和无形资产	货物及劳务	服务、不动产和无形资产
一、计税依据	（一）应征增值税不含税销售额（3%征收率）	1	210,679.61	0.00	210,679.61	0.00
	税务机关代开的增值税专用发票不含税销售额	2	0.00	0.00	0.00	0.00
	税控器具开具的普通发票不含税销售额	3	0.00	0.00	0.00	0.00
	（二）应征增值税不含税销售额（5%征收率）	4	--------	0.00	--------	0.00
	税务机关代开的增值税专用发票不含税销售额	5	--------	0.00	--------	0.00
	税控器具开具的普通发票不含税销售额	6	--------	0.00	--------	0.00
	（三）销售使用过的应税固定资产不含税销售额	7（7≥8）	3,398.06	--------	3,398.06	--------
	其中：税控器具开具的普通发票不含税销售额	8	0.00	--------	0.00	--------
	（四）免税销售额	9=10+11+12	0.00	0.00	0.00	0.00
	其中：小微企业免税销售额	10	0.00	0.00	0.00	0.00
	未达起征点销售额	11	0.00	0.00	0.00	0.00
	其他免税销售额	12	0.00	0.00	0.00	0.00
	（五）出口免税销售额	13（13≥14）	0.00	0.00	0.00	0.00
	其中：税控器具开具的普通发票销售额	14	0.00	0.00	0.00	0.00
	核定销售额		0.00	0.00	0.00	0.00
二、税款计算	本期应纳税额	15	6,422.33	0.00	6,422.33	0.00
	核定应纳税额		0.00	0.00	0.00	0.00
	本期应纳税额减征额	16	3,513.98	0.00	3,513.98	0.00
	本期免税额	17	0.00	0.00	0.00	0.00
	其中：小微企业免税额	18	0.00	0.00	0.00	0.00
	未达起征点免税额	19	0.00	0.00	0.00	0.00
	应纳税额合计	20=15-16	2,908.35	0.00	2,908.35	0.00
	本期预缴税额	21	0.00	0.00	--------	--------
	本期应补（退）税额	22=20-21	2,908.35	0.00	--------	--------

图 2.11　增值税纳税申报表（小规模纳税人适用）填写页面

6. 申报表（小规模纳税人适用）发送（略）

7. 网上缴税（略）

8. 评分（略）

9. 查看成绩（略）

10. 如需修改，需申报作废（略）

（二）实验资料

案例 1（对应实训平台案例 3）：

1. 企业为安民农副产品贸易有限公司销售了150套空调专用铜管及过滤网设备，共计48 000元。款项未收回。具体如图2.12所示。

044031901105　　深圳增值税普通发票　　NO 00091688　　044031901105 00091688

此联不作报销、扣税凭证使用

开票日期：2019年02月05日

购买方	名　　称：安民农副产品贸易有限公司 纳税人识别号：914400386718721905 地 址、电 话： 开户行及账号：	密码区	03》21*&25*2/26-141\61 21350332132132100.-**6 23/031**212/-0313-03133 23203***/>055—03*2223

货物或应税劳务、服务名称	规格型号	单位	数量	单价	金额	税率	税额
*家用电器配件*空调专用铜管及过滤网设备			150	310.6796	46601.94	3%	1398.06
合　　计					￥46601.94		￥1398.06
价税合计（大写）	⊗肆万捌仟圆整				（小写）￥48000.00		

销售方	名　　称：深圳市菱电制冷设备销售有限公司 纳税人识别号：91440300088450013U 地 址、电 话：深圳市罗湖区清水河红岗路1299号 0571-56328671 开户行及账号：深圳市建设银行罗湖支行 2367546245	备注	

收款人：　　复核：　　开票人：祁玲　　销售方：（章）

税总函[2017]001号衡信印制

第一联：记账联 销售方记账凭证

图2.12　原始凭证

2. 企业为深圳市兴隆建筑安装有限责任公司销售了100套空调不锈钢加厚版支架设备，共计80 000元，并同时进行空调移机、安装，共计62 600元，以上款项已经通过银行转账收讫。具体如图2.13所示。

044031901105　　深圳增值税普通发票　　NO 00091689　　044031901105 00091689

此联不作报销、扣税凭证使用

开票日期：2019年02月06日

购买方	名　　称：深圳市兴隆建筑安装有限责任公司 纳税人识别号：914403867187219012 地 址、电 话： 开户行及账号：	密码区	03》21*&25*2/26-141\61 21350332132132100.-**6 23/031**212/-0313-03133 23203***/>055—03*2223

货物或应税劳务、服务名称	规格型号	单位	数量	单价	金额	税率	税额
*家用电器配件*空调不锈钢加厚版支架设备		套	100	776.699	77669.90	3%	2330.10
*建筑服务*空调移机、安装			1	60776.70	60776.70	3%	1823.30
合　　计					￥138446.60		￥4153.40
价税合计（大写）	⊗壹拾肆万贰仟陆佰圆整				（小写）￥142600.00		

销售方	名　　称：深圳市菱电制冷设备销售有限公司 纳税人识别号：91440300088450013U 地 址、电 话：深圳市罗湖区清水河红岗路1299号 0571-56328671 开户行及账号：深圳市建设银行罗湖支行 2367546245	备注	

收款人：　　复核：　　开票人：祁玲　　销售方：（章）

税总函[2017]001号衡信印制

第一联：记账联 销售方记账凭证

图2.13　原始凭证

3. 企业向深圳大润发有限公司销售冷库设备并安装，共取得收入 26 400 元，款项未收回。具体如图 2. 14、图 2. 15、图 2. 16 所示。

044031901105　　**深圳增值税普通发票**　　N0 00091690　　044031901105 00091690

此联不作报销、扣税凭证使用

开票日期：2019 年 02 月 15 日

购买方	名　　称：深圳市大润发有限公司 纳税人识别号：914400386718721901 地 址、电 话： 开户行及账号：	密码区	03》21*&25*2/26-141\61 21350332132132100.-**6 23/031**212/-0313-03133 23203***/>055—03*2223

货物或应税劳务、服务名称	规格型号	单位	数量	单价	金额	税率	税额
*制冷空调设备*冷库设备			1	8543. 69	8543. 69	3%	256. 31
合　　计					¥8543. 69		¥256. 31
价税合计（大写）	⊗捌仟捌佰圆整				（小写）¥8800. 00		

销售方	名　　称：深圳市菱电制冷设备销售有限公司 纳税人识别号：91440300088450013U 地 址、电 话：深圳市罗湖区清水河红岗路 1299 号 0571-56328671 开户行及账号：深圳市建设银行罗湖支行 2367546245	备注	

收款人：　　复核：　　开票人：祁玲　　销售方：（章）

税总函[2017]001 号衡信印刷

第一联：记账联 销售方记账凭证

图 2. 14　原始凭证 1

044031901105　　**深圳增值税普通发票**　　N0 00091691　　044031901105 00091691

此联不作报销、扣税凭证使用

开票日期：2019 年 02 月 15 日

购买方	名　　称：深圳市大润发有限公司 纳税人识别号：914400386718721901 地 址、电 话： 开户行及账号：	密码区	03》21*&25*2/26-141\61 21350332132132100.-**6 23/031**212/-0313-03133 23203***/>055—03*2223

货物或应税劳务、服务名称	规格型号	单位	数量	单价	金额	税率	税额
*制冷空调设备*冷库设备			1	8543. 69	8543. 69	3%	256. 31
合　　计					¥8543. 69		¥256. 31
价税合计（大写）	⊗捌仟捌佰圆整				（小写）¥8800. 00		

销售方	名　　称：深圳市菱电制冷设备销售有限公司 纳税人识别号：91440300088450013U 地 址、电 话：深圳市罗湖区清水河红岗路 1299 号 0571-56328671 开户行及账号：深圳市建设银行罗湖支行 2367546245	备注	

收款人：　　复核：　　开票人：祁玲　　销售方：（章）

税总函[2017]001 号衡信印刷

第一联：记账联 销售方记账凭证

图 2. 15　原始凭证 2

044031901105　　深圳增值税普通发票　　NO 00091692　　044031901105　00091692

此联不作报销、扣税凭证使用

开票日期：2019 年 02 月 15 日

购买方	
名称	深圳市大润发有限公司
纳税人识别号	914400386718721901
地址、电话	
开户行及账号	

密码区：03》21*&25*2/26-141\61　21350332132132100.-**6　23/031**212/-0313-03133　23203***/>055—03*2223

货物或应税劳务、服务名称	规格型号	单位	数量	单价	金额	税率	税额
*制冷空调设备*冷库设备			1	8543.69	8543.69	3%	256.31
合计					¥8543.69		¥256.31
价税合计（大写）	⊗捌仟捌佰圆整				（小写）¥8800.00		

销售方	
名称	深圳市菱电制冷设备销售有限公司
纳税人识别号	91440300088450013U
地址、电话	深圳市罗湖区清水河红岗路 1299 号 0571-56328671
开户行及账号	深圳市建设银行罗湖支行 2367546245

备注：

收款人：　　复核：　　开票人：祁玲　　销售方：（章）

税总函[2017]001 号衡信印刷

第一联：记账联　销售方记账凭证

图 2.16　原始凭证 3

4. 2 月 20 日，公司销售自己使用过的固定资产收到含税收入 3 500. 00 元，发票未开具；

5. 2 月 21 日，公司购置金税盘（公司初次购买增值税税控系统专用设备），取得增值税专用发票，不含税金额为 3 000 元，税额为 480 元。具体如图 2. 17、图 2. 18 所示。

4403190730　　深圳增值税专用发票　　NO 05046636　　4403190730　05046636

抵扣

开票日期：2019 年 02 月 21 日

购买方	
名称	深圳市菱电制冷设备销售有限公司
纳税人识别号	91440300088450013U
地址、电话	深圳市罗湖区清水河红岗路 1299 号 0571-56328671
开户行及账号	深圳市建设银行罗湖支行 2367546245

密码区：03》21*&25*2/26-141\61　21350332132132100.-**6　23/031**212/-0313-03133　23203***/>055—03*2223

货物或应税劳务、服务名称	规格型号	单位	数量	单价	金额	税率	税额
*信息安全产品*金税盘		个	6	500.00	3000.00	16%	480.00
合计					¥3000.00		¥480.00
价税合计（大写）	⊗叁仟肆佰捌拾圆整				（小写）[illegible]0.00		

销售方	
名称	深圳市航天金税有限公司
纳税人识别号	914403007846113650
地址、电话	深圳市南山区高新一路 1 号 16732864
开户行及账号	招商银行深圳南山支行 817282295581

备注：深圳市航天金税有限公司 914403007846113650 发票专用章

收款人：　　复核：　　开票人：何秀秀　　销售方：（章）

税总函[2017]001 号衡信印刷厂

第二联：抵扣联　购买方抵扣凭证

图 2. 17　原始凭证 1

4403180730 深圳增值税专用发票 NO 05046636

4403180730
05046636

开票日期：2019 年 02 月 21 日

购买方	名　　称：深圳市菱电制冷设备销售有限公司 纳税人识别号：91440300088450013U 地 址、电 话：深圳市罗湖区清水河红岗路 1299 号 0571-56328671 开户行及账号：深圳市建设银行罗湖支行 2367546245	密码区	03》21*&25*2/26-141\61 21350332132132100.-**6 23/031**212/-0313-03133 23203***/>055—03*2223

货物或应税劳务、服务名称	规格型号	单位	数量	单价	金额	税率	税额
*信息安全产品*金税盘		个	6	500.00	3000.00	16%	480.00
合　　计					¥3000.00		¥480.00
价税合计（大写）	⊗叁仟肆佰捌拾圆整				（小写）¥3480.00		

销售方	名　　称：深圳市航天金税有限公司 纳税人识别号：914403007846113650 地 址、电 话：深圳市南山区高新一路 1 号 16732864 开户行及账号：招商银行深圳南山支行 817282295531	备注	深圳市航天金税有限公司 914403007846113650 发票专用章

收款人：　　复核：　　开票人：何秀秀　　销售方：（章）

第三联：发票联　购买方记账凭证

图 2.18　原始凭证 2

（三）实验任务

1. 根据实训资料完成 2019 年 2 月份增值税纳税申报。

2. 网上缴税，案例评分（选案例 3）后，查看成绩。

（四）实验资料

案例 2（对应实训平台案例 1）：

深圳市菱电制冷设备销售有限公司为增值税小规模纳税人，2019 年 1 月至 3 月其业务如下：

1. 企业为深圳市穿行电子商务有限公司销售了 3 套空调专用铜管及过滤网设备，共计 960 元。款项未收回。具体如图 2.19 所示。

044031902320 深圳增值税普通发票 NO 08690634 044031902320 08690634

此联不作报销、扣税凭证使用

开票日期：2019 年 01 月 05 日

购买方	名　　称：深圳市穿行电子商务有限公司 纳税人识别号：914403005977933999 地 址、电 话：深圳市莆田区莲花街道商报路 7 号 519-52880994 开户行及账号：中国工商银行深圳市华联支行 40002161920039774	密码区	03》21*&25*2/26-141\61 21350332132132100. -**6 23/031**212/-0313-03133 23203***/>055—03*2223

货物或应税劳务、服务名称	规格型号	单 位	数 量	单 价	金 额	税率	税 额
*家用电器配件*空调专用铜管及过滤网设备			3	310.68	932.04	3%	27.96
合　　计					¥932.04		¥27.96
价税合计（大写）	⊗玖佰陆拾圆整				（小写）¥960.00		

销售方	名　　称：深圳市菱电制冷设备销售有限公司 纳税人识别号：91440300088450013U 地 址、电 话：深圳市罗湖区清水河红岗路 1299 号 0571-56328671 开户行及账号：深圳市建设银行罗湖支行 2367546245	备注	

收款人：　　复核：　　开票人：祁玲　　销售方：（章）

税总函[2017]001 号衡信印刷　　第一联：记账联　销售方记账凭证

图 2.19　原始凭证

2. 企业为深圳市多金贸易有限公司销售了 1 套空调不锈钢加厚版支架设备 800 元，并同时进行空调移机、安装，共计 626 元，以上款项已经通过银行转账收讫。具体如图 2.20 所示。

044031902320 深圳增值税普通发票 NO 08690635 044031902320 08690635

此联不作报销、扣税凭证使用

开票日期：2019 年 03 月 06 日

购买方	名　　称：深圳市多金贸易有限公司 纳税人识别号：91440300MA5DFQH689 地 址、电 话：深圳市罗海区南方证券大厦 B 座 1502 室 83640089 开户行及账号：深圳农村商业银行沙耗支行 5431246454459	密码区	03》21*&25*2/26-141\61 21350332132132100. -**6 23/031**212/-0313-03133 23203***/>055—03*2223

货物或应税劳务、服务名称	规格型号	单 位	数 量	单 价	金 额	税率	税 额
*家用电器配件*空调不锈钢加厚版支架设备		套	1	776.70	776.70	3%	23.30
*建筑服务*空调移机、安装			1	607.77	607.77	3%	18.23
合　　计					¥1384.47		¥41.53
价税合计（大写）	⊗壹仟肆佰贰拾陆圆整				（小写）¥1426.00		

销售方	名　　称：深圳市菱电制冷设备销售有限公司 纳税人识别号：91440300088450013U 地 址、电 话：深圳市罗湖区清水河红岗路 1299 号 0571-56328671 开户行及账号：深圳市建设银行罗湖支行 2367546245	备注	

收款人：　　复核：　　开票人：祁玲　　销售方：（章）

税总函[2017]001 号衡信印刷　　第一联：记账联　销售方记账凭证

图 2.20　原始凭证

3. 企业向深圳市穿行电子商务有限公司销售并安装冷库设备，共取得收入 26 400 元，款项未收回。具体如图 2.21 所示。

044031902320　　**深圳增值税普通发票**　　N0 08690636　　044031902320 08690636

此联不作报销、扣税凭证使用

开票日期：2019 年 03 月 08 日

购买方	名　　称：深圳市穿行电子商务有限公司 纳税人识别号：914403005977933999 地 址、电 话：深圳市莆田区莲花街道商报路 7 号 519-52880994 开户行及账号：中国工商银行深圳市华联支行 40002161920039774	密码区	03》21*&25*2/26-141\61 21350332132132100. -**6 23/031**212/-0313-03133 23203***/>055—03*2223

货物或应税劳务、服务名称	规格型号	单位	数量	单价	金额	税率	税额
*制冷空调设备*冷库设备			1	25631.0680	25631.07	3%	768.93
合　　计					¥25631.07		¥768.93
价税合计（大写）	⊗贰万陆仟肆佰圆整				（小写）¥26400.00		

销售方	名　　称：深圳市菱电制冷设备销售有限公司 纳税人识别号：91440300088450013U 地 址、电 话：深圳市罗湖区清水河红岗路 1299 号 0571-56328671 开户行及账号：深圳市建设银行罗湖支行 2367546245	备注	

收款人：　　复核：　　开票人：祁玲　　销售方：（章）

税总函[2017]001 号衡信印刷

第二联：记账联　销售方记账凭证

图 2.21　原始凭证

4. 3 月 15 日，公司向深圳万家机电有限公司销售制冷器 2 台，款项未收。具体如图 2.22 所示。

044031902320　　**深圳增值税普通发票**　　N0 08690637　　044031902320 08690637

此联不作报销、扣税凭证使用

开票日期：2019 年 03 月 15 日

购买方	名　　称：深圳市万家机电有限公司 纳税人识别号：914408695003204405 地 址、电 话：深圳市莆田区万华路 18 号 84653009 开户行及账号：中国工商银行深圳万华路支行 12038446274632	密码区	03》21*&25*2/26-141\61 21350332132132100. -**6 23/031**212/-0313-03133 23203***/>055—03*2223

货物或应税劳务、服务名称	规格型号	单位	数量	单价	金额	税率	税额
*家用制冷器具*制冷器		台	2	9708.75	19417.50	3%	582.53
合　　计					¥19417.50		¥582.53
价税合计（大写）	⊗贰万圆零叁分				（小写）¥20000.03		

销售方	名　　称：深圳市菱电制冷设备销售有限公司 纳税人识别号：91440300088450013U 地 址、电 话：深圳市罗湖区清水河红岗路 1299 号 0571-56328671 开户行及账号：深圳市建设银行罗湖支行 2367546245	备注	

收款人：　　复核：　　开票人：祁玲　　销售方：（章）

税总函[2017]001 号衡信印刷

第二联：记账联　销售方记账凭证

图 2.22　原始凭证

（五）实验任务

1. 根据实训资料完成2019年第一季度增值税纳税申报表及附表填写。

2. 网上缴税，案例评分（季度案例3）后，查看成绩。

实验项目三 消费税（烟类）纳税申报实验

一、实验目的

1. 熟悉消费税纳税申报流程。

2. 熟悉、掌握烟类消费税申报原理。

3. 掌握消费税申报表及附表的填制。

4. 熟悉、掌握《中华人民共和国消费税法》及《中华人民共和国消费税暂行条例》基本原理。

二、知识拓展

（1）计算方法和公式

卷烟消费税采用复合计征方法。

应纳税额=应税销售数量×定额税率+应税销售额×比例税率

应税消费品的销售额=含增值税的销售额/（1+增值税税率或征收率）

生产、销售卷烟以从量定额计税依据为实际销售数量。进口、委托加工、自产自用卷烟的从量定额计税依据分别为海关核定的进口征税数量、委托方收回数量、移送使用数量。

当期准予扣除的外购应税消费品买价=期初库存的外购应税消费品的买价+当期购进的应税消费品的买价-期末库存的外购应税消费品的买价

当期准予扣除的外购应税消费品已纳税款=当期准予扣除的外购应税消费品买价×外购应税消费品适用税率

（2）烟产品消费税税目税率表（见表 3.1）：

表 3.1　烟产品消费税税目税率

税目	税率	征收环节
烟		
1. 卷烟		
工业		
（1）甲类卷烟	56%加 0.003 元/支	生产环节
（调拨价 70 元（不含增值税）/条以上（含 70 元））		
（2）乙类卷烟	36%加 0.003 元/支	批发环节
（调拨价 70 元（不含增值税）/条以下）		
商业批发	11%加 0.005 元/支	批发环节
2. 雪茄	36%	生产环节
3. 烟丝	30%	生产环节

三、消费税（烟类）纳税申报实验（手工）

（一）实验操作流程

具体实验操作流程如图 3.1 所示。

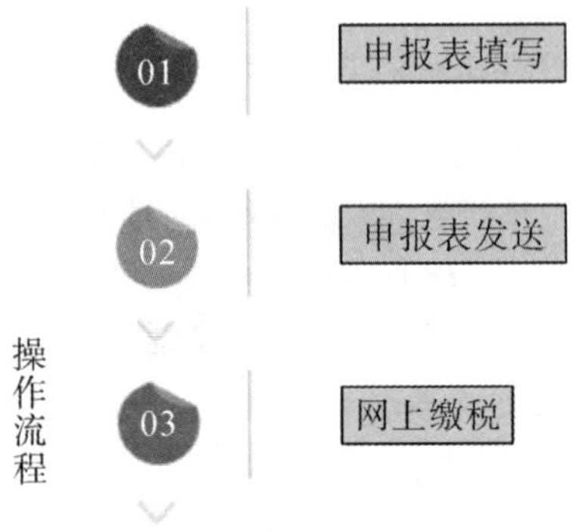

图 3.1　实验操作流程

注：对模拟企业的业务进行分析、归集和计算，先填附表，再填主表。

（二）实验资料

1. 杭州瑞得烟草有限公司（增值税一般纳税人）主营烟类产品的生产销售，2019 年 6 月份的基础信息如下：期初库存外购烟丝买价 50 万元，当期购进烟丝买价 120 万元，期末库存外购烟丝买价 40 万元。

2. 本月生产销售情况（见表 3.2）：

表 3.2　本月生产销售情况汇总统计表（备注：1 万支烟＝50 条烟）

商品名称	产量	单价（不含增值税）	销量	销售额（不含增值税）
卷烟 A	30 万支	350 元/条	1 500 条	525 000.00 元
卷烟 B	98 万支	65 元/条	4 900 条	318 500.00 元

3. 2019 年 6 月的期初未缴税额 7 983.50 元，在本期补缴。

（三）实验任务

1. 根据资料进行分析、归集和计算，先填附表，再填主表。

2. 注意事项。

（1）项目业务所涉及的会计、税收法律法规政策截至 2019 年 2 月 28 日。

（2）实验项目税款所属期默认当前月份。

（3）计算结果以四舍五入方式保留两位小数。

（四）实验材料

具体实验材料见表 3.3、表 3.4、表 3.5、表 3.6、表 3.7、表 3.8。

表 3.3　附表一本期准予扣除税额计算表

本期准予扣除税额计算表

税款所属期：　　年　月　日至　　年　月　日

纳税人名称（公章）　　　　　　纳税人识别号：

填表日期：　　　　　　　　　　金额单位：元（列至角分）

一、当期准予扣除的委托加工烟丝已纳税款计算	
1. 期初库存委托加工烟丝已纳税款	
2. 当期收回委托加工烟丝已纳税款	
3. 期末库存委托加工烟丝已纳税款	
4. 当期准予扣除的委托加工烟丝已纳税款	
二、当期准予扣除的外购烟丝已纳税款计算	
1. 期初库存外购烟丝买价	
2. 当期购进烟丝买价	
3. 期末库存外购烟丝买价	
4. 当期准予扣除的外购烟丝已纳税款	
三、本期准予扣除税款合计	

表 3.4　附表二　本期代收代缴税额计算表

税款所属期：　　　年　月　日至　　年　月　日

纳税人名称（公章）：　　　　　　　　　　　　纳税人识别码：

填表日期：　年　月　日　　　　　　　　　　金额单位：元（列至角分）

项目＼应税商品名称		卷烟	卷烟	雪茄烟	烟丝	合计
适用税率	定额税率	30 元/万支	30 元/万支	—	—	
	比例税率	56%	36%	36%	30%	
委托加工数量						
烟类产品销售价格						
材料成本						
加工费						
组成计税价格						
本期代收代缴款						

表 3.5　各牌号规格卷烟消税计税价格表

税款所属期：　　　年　月　日至　　年　月　日

纳税人名称（公章）：　　　　　　　　　　　　纳税人识别码：

填表日期：　年　月　日　　　　　　　　　　单位：万支、元、元/条（200 支）

卷烟牌号	烟支包装规格	销量	消费计税价格	销售额	备注

表 3.6　本期减（免）税额明细表

税款所属期：　　年　月　日至　　年　月　日

纳税人名称（公章）：　　　　　　　　纳税人识别码：

填表日期：　年　月　日　　　　　　　金额单位：元（列至角分）

项目 应税消费品名称	减（免）性质代码	减（免）项目名称	减（免）金额	适用税率（从价定率）	减（免）数量	适用税率（从量定额）	减（免）税额
1	2	3	4	5	6	7	

表 3.7　卷烟生产企业年度销售明细表

税款所属期：　　年　月　日至　　年　月　日

纳税人名称（公章）：　　　　　　　　纳税人识别码：

填表日期：　年　月　日　　　　　　　单位：万支、元、元/条（200 支）

卷烟包装商品条码	卷烟牌号规格	产量	销量	销售价格	调拨价格	消费税计税价格	销售额
1	2	3	4	5	6	7	8

表 3.8　烟类应税消费品消费税纳税申报表

税款所属期：　　年　月　日至　　年　月　日

纳税人名称（公章）：　纳税人识别码：

填表日期：　年　月　日　单位：卷烟万支、雪茄烟支、烟丝千克；金额单位：元（列至角）

项目	适用税率		销售数量	销售额	应纳税额
应税消费品名称	定额税率	比率税率			
卷烟（调拨价 70 元（不含增值税）/条以上（含 70 元），从价计算）		56%			
卷烟（调拨价 70 元（不含增值税）/条以下，从价计算）		36%			
卷烟（调拨价 70 元（不含增值税）/条以上（含 70 元），从量计算）	30				
卷烟（调拨价 70 元（不含增值税）/条以下，从量计算）	30				
雪茄烟		36%			
烟丝		30%			
合计					
本期准予扣除税额					
本期减（免）税额					
期初未缴税额					
本期缴纳前期应纳税额					
本期预缴税额					
本期应补（退）税额					
期末未缴税额					
以下由税务机关填写					

受理人（签章）：　　　　受理日期：　年　月　日

四、消费税（烟类）纳税申报实验（税友衡信税务实训平台）

（一）实验操作指南

1. 登录实训平台
2. 进入烟类消费税申报界面（见图 3.2）

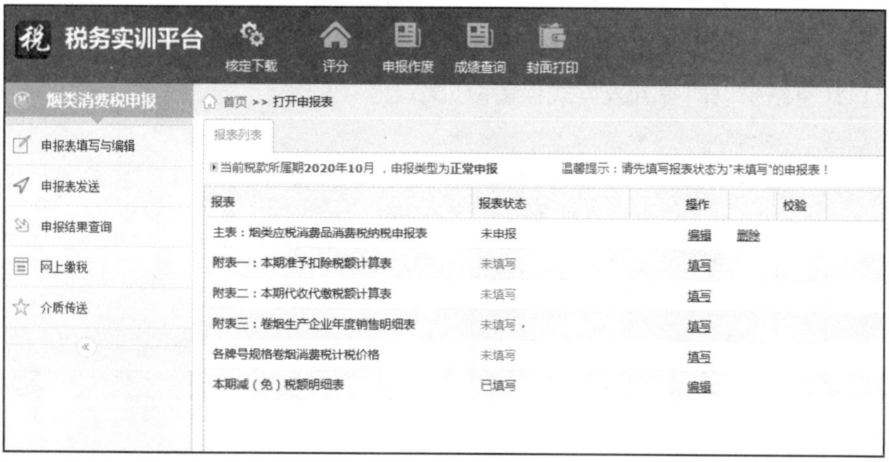

图 3.2　**操作界面**

3. 填写附表
4. 填写本期减免额明细表
5. 填写烟类消费品消费税纳税申报表
6. 申报表发送
7. 网上缴税

8 评分

9. 查看成绩
10. 如需修改，必须进行申报作废，删除所填申报表

（二）实验资料

1. 杭州瑞得烟草有限公司（增值税一般纳税人）主营烟类产品的生产销售，2019年6月份的基础信息如下：期初库存外购烟丝买价 50 万元，当期购进烟丝买价 120 万元，期末库存外购烟丝买价 40 万元。

2. 本月生产销售情况（见表 3.9）：

表 3.9　**本月生产销售情况汇总统计表（备注：1 万支烟＝50 条烟）**

商品名称	产量	单价（不含增值税）	销量	销售额（不含增值税）
卷烟 A	30 万支	350 元/条	1 500 条	525 000. 00 元
卷烟 B	98 万支	65 元/条	4 900 条	318 500. 00 元

3. 2019 年 6 月的期初未缴税额 7 983. 50 元，在本期补缴。

（三）实验任务

1. 根据资料进行分析、归集和计算，在实训平先填各附表，再填烟类应税消费品消费税纳税申报表。

2. 申报表发送，网上缴税，评分。

3. 注意事项

（1）项目业务所涉及的会计、税收法律法规政策截至 2019 年 2 月 28 日。

（2）实验项目税款所属期默认当前月份。

（3）计算结果以四舍五入方式保留两位小数。

实验项目四 消费税（酒类）纳税申报实验

一、实验目的

1. 熟悉消费税纳税申报流程。

2. 熟悉、掌握酒类消费税申报原理。

3. 掌握消费税申报表及附表的填制。

4. 熟悉、掌握《中华人民共和国消费税法》及《中华人民共和国消费税暂行条例》基本原理。

二、知识拓展

1. 对于酒类产品中的粮食白酒和薯类白酒采用从量定额和从价定率的混合计税方法。自2006年4月1日起，定额税率为每斤0.5元，比例税率为粮食白酒20%，薯类白酒20%。具体计算公式是：

应纳税额=销售数量×单位税额+销售额×比例税率

从量定额税的计量单位按实际销售商品的重量确定，如果实际销售商品是按体积标注计量单位的，那么应按500毫升为1斤换算，不得按酒度折算。

2. 对于酒类产品中的黄酒和啤酒实行从量定额的计税方法。黄酒的定额税率为240元/吨。啤酒实行分段的定额税率，每吨啤酒出厂价格（含包装物及包装物押金）在3 000元（含3 000元，不含增值税）以上的，单位税额250元/吨；每吨啤酒出厂价格在3 000元（不含增值税）以下的，单位税额220元/吨；娱乐业、商业、饮食业自制啤酒，单位税额250元/吨。具体计算公式是：

应纳税额=销售数量×单位税额

3. 对于其他酒实行从价定率的比例税率，税率为10%。具体计算公式是；

应纳税额=销售额×比例税率

4. 应税消费税在缴纳消费税的同时，与一般货物一样，还应缴纳增值税。按照《中华人民共和国消费税暂行条例实施细则》的规定，应税消费品的销售额，不包括应向购货方收取的增值税税款。如果纳税人应税消费品的销售额中未扣除增值税税款或因不得开具增值税专用发票而发生的价款和增值税税款合并收取，在计算消费税时，应将含增值税销售额换算为不含增值税税款的销售额。换算公式为：

应税消费品的销售额=含增值税的销售额/（1+增值税税率或征收率）

在使用换算公式时，应根据纳税人的具体情况分别使用增值税税率或征收率。如果消费税的纳税人同时又是增值税一般纳税人，应适用13%的增值税税率；如果消费税的纳税人是增值税的小规模纳税人，应适用3%的征收率。

三、消费税（酒类）纳税申报实验（手工）

（一）实验操作流程

具体实验操作流程如图 4.1 所示。

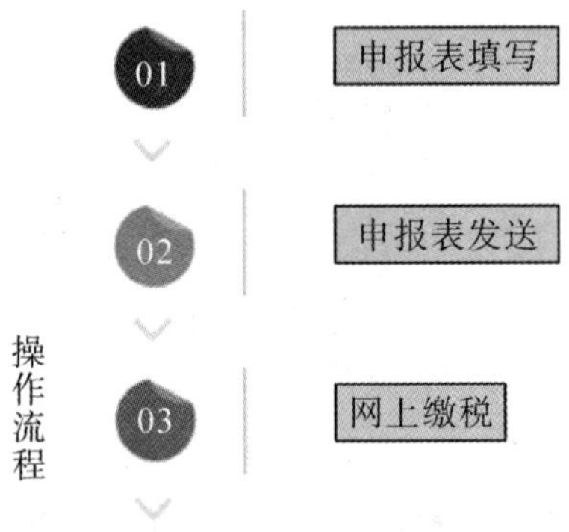

图 4.1　实验操作流程

注：对模拟企业的业务进行分析、归集和计算本期不含增值税销售额，填写附表，再填主表。

（三）实验资料

宏远集团公司为增值税一般纳税人，主要经营商品零售、销售各类酒及酒精制品。其 2019 年 5 月发生如下经济业务：

（1）销售瓶装粮食白酒 20 000 斤，开具增值税专用发票，款项已通过银行转账。具体如图 4.2、图 4.3 所示。

3300191230　　　浙江增值税专用发票　　　NO: 00110630　　　3300191230

00110630

此联不作报销、扣税凭证使用

开票日期：2019年05月08日

购买方	名　　称：苏州瑞德酒业有限公司 纳税人识别号：913201001615141318 地 址、电 话：苏州市工业园区星湖路1008号0512- 开户行及账号：苏州农业工业园区支行				密码区	11》21*&25*2/26-141\61 21351132132132100.-**6 23/111**212/-1113-11133 23211***/>055—11*2223	
货物或应税劳务、服务名	规格 型号	单 位	数　量	单 价	金　额	税 率	税　额
*酒*粮食白酒		斤	20000	17.00	340000.00	13%	44200.00
合　　计					¥340000.00		¥44200.00
价税合计（大写）	⊗叁拾捌万肆仟贰佰圆整				（小写）¥ 384200.00		
销售方	名　　称：宏远集团公司 纳税人识别号：913301211969081812 地址、电话：杭州市六一路9999号0571-56689106 开户行及账号：农行浙江分行滨江支行 478658006901				备注		

收款人：　　　复核：　　　开票人：张易　　　销售方：（章）

第一联：记账联　销售方记账凭

图 4.2　原始凭证 1

中国农业银行
AGRICULTURAL BANK OF CHINA

客户收付款入账通知

付款方户名：苏州瑞德酒业有限公司
付款方账号：365425845214562542
付款方开户行：苏州农业工业园区支行
收款方户名：宏远集团公司
收款方账号：478658006901
收款方开户行：农行浙江分行滨江支行
入账日期：20190508　　金额：384200.00　　大写金额：叁拾捌万肆仟贰佰圆整
摘要：转账取款
渠道：网上银行

附言：销售

中国农业银行股份有限公司
回单专用章

打印时间：2019-05-08　　打印行号：0453　　打印设备：1905012031

图 4.3　原始凭证 2

（2）销售散装薯类白酒 20 000 斤，开具增值税专用发票，款项未收。具体如图 4.4 所示。

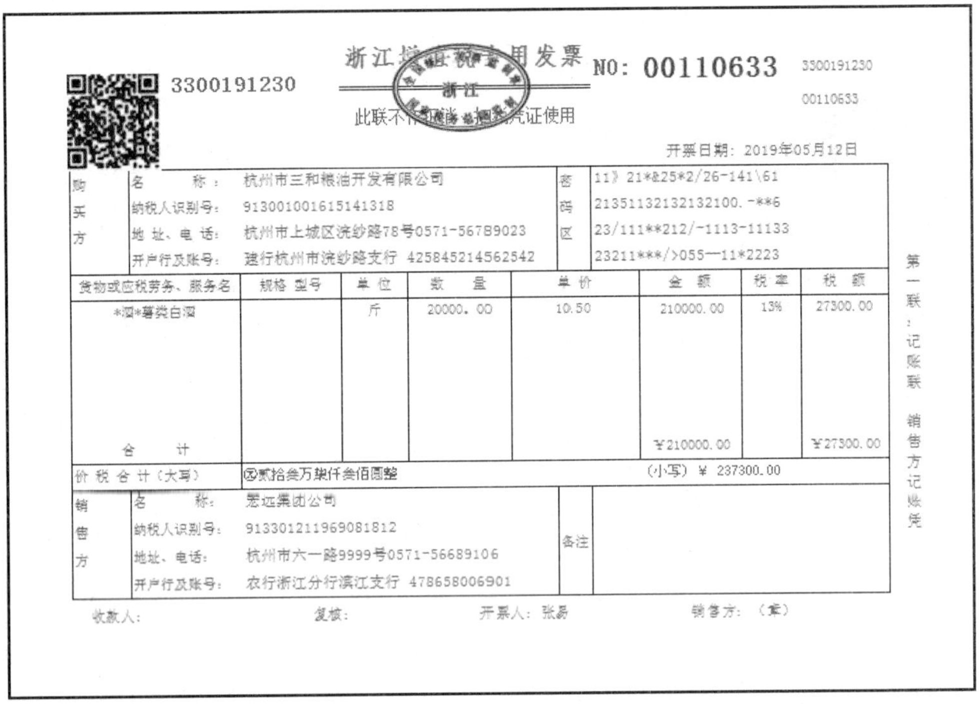

浙江增值税专用发票　NO: 00110633

3300191230　　3300191230　00110633

此联不作报销、扣税凭证使用

开票日期：2019年05月12日

购买方	名称：杭州市三和粮油开发有限公司 纳税人识别号：913001001615141318 地址、电话：杭州市上城区浣纱路78号0571-56789023 开户行及账号：建行杭州市浣纱路支行 425845214562542			密码区	11》21*&25*2/26-141\61 21351132132132100.-**6 23/111**212/-1113-11133 23211***/>055—11*2223		
货物或应税劳务、服务名	规格型号	单位	数量	单价	金额	税率	税额
*酒*薯类白酒		斤	20000.00	10.50	210000.00	13%	27300.00
合计					¥210000.00		¥27300.00
价税合计（大写）	⊗贰拾叁万柒仟叁佰圆整				（小写）¥ 237300.00		
销售方	名称：宏远集团公司 纳税人识别号：91330121196908l812 地址、电话：杭州市六一路9999号0571-56689106 开户行及账号：农行浙江分行滨江支行 478658006901			备注			

收款人：　　复核：　　开票人：张易　　销售方：（章）

第一联：记账联　销售方记账凭证

图 4.4　原始凭证

（3）将一批 10 000 斤的红酒发给职工作为福利，该产品市场售价为 2 万元（不含增值税），实际成本为 1.4 万元。

（4）2019 年 4 月份纳税申报主表（见表 4.1）：

表 4.1　酒及酒精消费税纳税申报表

税款所属期：2019 年 4 月 1 日至 2019 年 4 月 31 日

纳税人名称（公章）：宏远集团公司　　　　纳税人识别号：913301211969081812

填表日期：2019 年 5 月 9 日　　　　金额单位：元（列至角分）

项目应税消费品名称	适用税率		销售数量	销售额	应纳税额
	定额税率	比例税率			
粮食白酒	0.5 元/斤	20%			
薯类白酒	0.5 元/斤	20%			
啤酒	250 元/吨	—			
啤酒	220 元/吨	—			
黄酒	240 元/吨	—			
其他酒	—	10%	956.00	1 695 803.10	169 580.31
合计	—	—	—	—	169 580.31

表4.1(续)

	声明
本期准予抵减税额：26 916.59	此纳税申报表是根据国家税收法律的规定填报的，我确定它是真实的、可靠的、完整的。 经办人（签章）： 财务负责人（签章）： 联系电话：
本期减（免）税额：	
期初未缴税额：105 276.26	
本期缴纳前期应纳税额：105 276.26	（如果你已委托代理人申报，请填写） 授权声明 为代理一切税务事宜，现授权 （地址）________________为本纳税人的代理申报人，任何与本申报表有关的往来文件，都可寄予此人。 授权人签章：
本期预缴税额：	
本期应补（退）税额：169 580.31	
期末未缴税额：169 580.31	

以下由税务机关填写

受理人（签章）： 受理日期： 年 月 日

受理税务机关（章）：

（四）实验材料

具体实验材料见表4.2、表4.3、表4.4、表4.5、表4.6。

表4.2 本期减（免）税额明细表

税款所属期： 年 月 日至 年 月 日

纳税人名称（公章）： 纳税人识别码：

填表日期： 年 月 日 金额单位：元（列至角分）

项目 应税消费品名称	减（免）性质代码	减（免）项目名称	减（免）金额	适用税率（从价定率）	减（免）数量	适用税率（从量定额）	减（免）税额
1	2	3	4	5	6	7	8=4×5+6×7

表 4.3　本期准予抵减（扣）税额计算表

税款所属期：　　年　月　日至　　年　月　日

纳税人名称（公章）　　　　　　　　　　　　　　　纳税人识别号：

填表日期：　　　　　　　　　　　　　　　　　　　单位：吨、元（列至角分）

一、当期准予抵减的外购啤酒液已纳税款计算					
1. 期初库存外购啤酒液数量：					
2. 当期购进啤酒液数量					
3. 期末库存外购啤酒液数量：					
4. 当期准予抵减的外购啤酒液已纳税款：					
二、当期准予抵扣的葡萄酒已纳税款：					
三、本期准予抵减（扣）税款合计：					
啤酒（增值税专用发票）	号码	开票日期	数量	单价	定额税率（元/吨）
	合计				

表 4.4　本期代收代缴税额计算表

税款所属期：　　年　月　日至　　年　月　日

纳税人名称（公章）：　　　　　　　　　　　　　　纳税人识别码：

填表日期：　　年　月　日　　　　　　　　　　　　金额单位：元（列至角分）

项目 \ 应税商品名称		粮食白酒	薯类白酒	啤酒	啤酒	黄酒	其他酒	合计
适用税率	定额税率	0.5 元/斤	0.5 元/斤	250 元/吨	220 元/吨	240 元/吨	—	—
	比例税率	20%	20%	—	—	—	10%	—
委托加工数量								
同类产品销售价格								
材料成本								
加工费								
组成计税价格								
本期代收代缴税款								

表 4.5 已核定最低计税价格白酒清单

税款所属期：　　年　月　日至　　年　月　日

填报企业名称：　　　　　　　　　　　　单位：元/500 毫升（克）

序号	品名	规格	出厂价格	核定消费税最低计税价格	备注

表 4.6 酒类消费税纳税申报表

税款所属期：　　年　月　日至　　年　月　日

纳税人名称（公章）：　　　　　　　　纳税人识别码：

填表日期：　　年　月　日　　　　　　金额单位：元（列至角分）

项目 应税消费品名称	适用税率		销售数量	销售额	应纳税额
	定额税率	比率税率			
白酒（从价计算）		20%			
白酒（从量计算）	0.5				
黄酒	240				
啤酒（3 000 元/吨以上）	250				
啤酒（3 000 元/吨以下）		5%			
酒精		10%			
其他酒					
合计					

本期准予扣除税额		声明 此纳税申报表是根据国家税收法律的规定填报的，我确定它是真实的、可靠的、完整的。 经办人（签章）： 财务负责人（签章）： 联系电话： （如果你已委托代理人申报，请填写） 授权声明 为代理一切税务事宜，现授权 （地址） 为本纳税人的代理申报人，任何与本申报表有关的往来文件，都可寄予此人。 授权人签章：
本期减（免）税额		
期初未缴税额		
本期缴纳前期应纳税额		
本期预缴税额		
本期应补（退）税额		
期末未缴税额		

以下由税务机关填写

受理人（签章）　　　　　　　受理日期：　年　月　日

（五）实验任务

1. 根据资料进行分析、归集和计算不含增值税销售额，填写附表，再填主表。

2. 注意事项。

（1）项目业务所涉及的会计、税收法律法规政策截至 2019 年 2 月 28 日。

（2）实验项目税款所属期默认当前月份。

（3）计算结果以四舍五入方式保留两位小数。

三、消费税（酒类）纳税申报实验（税友衡信实训平台）

（一）实验操作指南

1. 登录实训平台

2. 进入烟类消费税申报界面（见图 4.5）

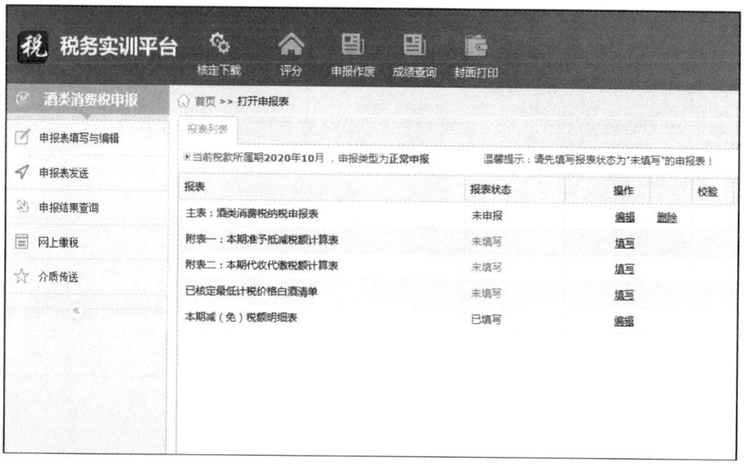

图 4.5　操作界面

3. 填写附表

4. 填写本期减免额明细表

5. 填写烟类消费品消费税纳税申报表

6. 申报表发送

7. 网上缴税

8. 评分

9. 查看成绩

10. 如需修改，必须进行申报作废，删除所填申报表

（二）实验操作资料

宏远集团公司为增值税一般纳税人，主要经营商品零售、销售各类酒及酒精制品。其 2019 年 5 月发生如下经济业务：

（1）销售瓶装粮食白酒 20 000 斤，开具增值税专用发票，款项已通过银行转账。具体如图 4.6、图 4.7 所示。

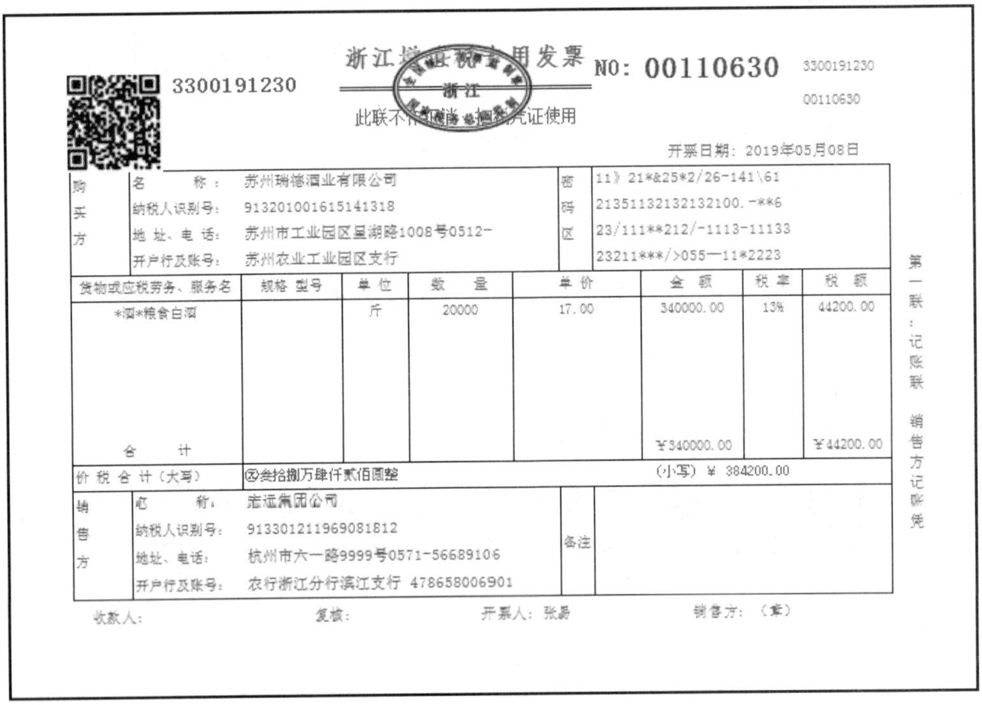

3300191230

浙江增值税专用发票 NO: 00110630 3300191230 00110630

此联不作报销、扣税凭证使用

开票日期：2019年05月08日

购买方	名称：苏州瑞德酒业有限公司 纳税人识别号：913201001615141318 地址、电话：苏州市工业园区星湖路1008号0512- 开户行及账号：苏州农业工业园区支行	密码区	11》21*&25*2/26-141\61 21351132132132100.-**6 23/111**212/-1113-11133 23211***/>055—11*2223

货物或应税劳务、服务名	规格型号	单位	数量	单价	金额	税率	税额
*酒*粮食白酒		斤	20000	17.00	340000.00	13%	44200.00
合计					¥340000.00		¥44200.00
价税合计（大写）	⊗叁拾捌万肆仟贰佰圆整				（小写）¥ 384200.00		

销售方	名称：宏远集团公司 纳税人识别号：913301211969081812 地址、电话：杭州市六一路9999号0571-56689106 开户行及账号：农行浙江分行滨江支行 478658006901	备注	

收款人：　　复核：　　开票人：张易　　销售方：（章）

第一联：记账联　销售方记账凭

图 4.6　原始凭证 1

中国农业银行 AGRICULTURAL BANK OF CHINA

客户收付款入账通知

付款方户名：苏州瑞德酒业有限公司

付款方账号：365425845214562542

付款方开户行：苏州农业工业园区支行

收款方户名：宏远集团公司

收款方账号：478658006901

收款方开户行：农行浙江分行滨江支行

入账日期：20190508　金额：384200.00　大写金额：叁拾捌万肆仟贰佰圆整

摘要：转账取款

渠道：网上银行

附言：销售

中国农业银行股份有限公司 回单专用章

打印时间：2019-05-08　打印行号：0453　打印设备：1905012031

图 4.7　原始凭证 2

（2）销售散装薯类白酒 20 000 斤，开具增值税专用发票，款项未收。具体如图 4.8 所示。

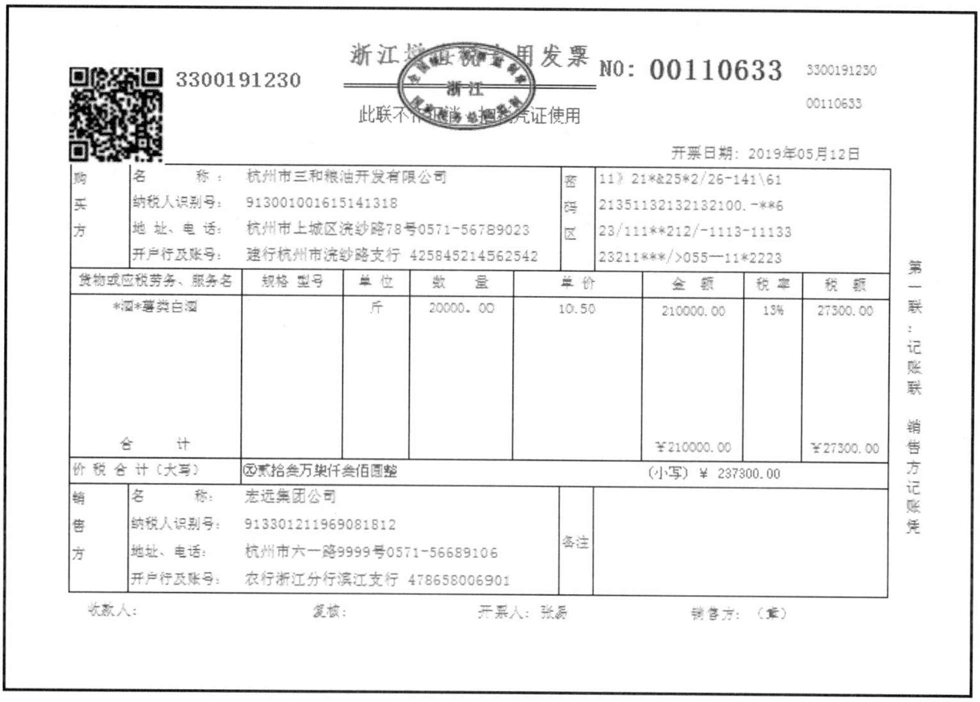

浙江增值税专用发票

3300191230　　NO: 00110633　　3300191230 00110633

此联不作报销、扣税凭证使用

开票日期：2019年05月12日

购买方	名称：杭州市三和粮油开发有限公司 纳税人识别号：913001001615141318 地址、电话：杭州市上城区浣纱路78号0571-56789023 开户行及账号：建行杭州市浣纱路支行 425845214562542	密码区	11》21*&25*2/26-141\61 21351132132132100.-**6 23/111**212/-1113-11133 23211***/>055一11*2223

货物或应税劳务、服务名	规格型号	单位	数量	单价	金额	税率	税额
*酒*薯类白酒		斤	20000.00	10.50	210000.00	13%	27300.00
合计					¥210000.00		¥27300.00
价税合计（大写）	⊗贰拾叁万柒仟叁佰圆整				（小写）¥ 237300.00		

销售方	名称：宏远集团公司 纳税人识别号：913301211969081812 地址、电话：杭州市六一路9999号0571-56689106 开户行及账号：农行浙江分行滨江支行 478658006901	备注	

收款人：　　复核：　　开票人：张易　　销售方：（章）

第一联：记账联　销售方记账凭证

图 4.8　原始凭证

（3）将一批 10 000 斤的红酒发给职工作为福利，该产品市场售价为 2 万元（不含增值税），实际成本为 1.4 万元。

（4）2019 年 4 月份纳税申报主表（见表 4.7）：

表 4.7　酒及酒精消费税纳税申报表

税款所属期：2019 年 4 月 1 日至 2019 年 4 月 31 日

纳税人名称（公章）：宏远集团公司　　纳税人识别号：913301211969081812

填表日期：2019 年 5 月 9 日　　金额单位：元（列至角分）

项目应税消费品名称	适用税率		销售数量	销售额	应纳税额
	定额税率	比例税率			
粮食白酒	0.5 元/斤	20%			
薯类白酒	0.5 元/斤	20%			
啤酒	250 元/吨	—			
啤酒	220 元/吨	—			
黄酒	240 元/吨	—			
其他酒	—	10%	956.00	1 695 803.10	169 580.31
合计	—	—	—	—	169 580.31

表4.7(续)

	声明
本期准予抵减税额：26 916.59	此纳税申报表是根据国家税收法律的规定填报的，我确定它是真实的、可靠的、完整的。 经办人（签章）： 财务负责人（签章）： 联系电话：
本期减（免）税额：	
期初未缴税额：105 276.26	
本期缴纳前期应纳税额：105 276.26	（如果你已委托代理人申报，请填写） 授权声明 为代理一切税务事宜，现授权（地址）________________为本纳税人的代理申报人，任何与本申报表有关的往来文件，都可寄予此人。 授权人签章：
本期预缴税额：	
本期应补（退）税额：169 580.31	
期末未缴税额：169 580.31	

以下由税务机关填写

受理人（签章）： 受理日期： 年 月 日

受理税务机关（章）：

（三）实验任务

1. 根据资料进行分析、归集和计算不含增值税销售额，在税务实训平台填写附表，再填主表；发送申报表；评分；查看成绩，如有错误，申报作废，进行修改。

2. 注意事项：

（1）项目业务所涉及的会计、税收法律法规政策截至2019年2月28日。

（2）实验项目税款所属期默认当前月份。

（3）计算结果以四舍五入方式保留两位小数。

实验项目五 个人所得税纳税申报实验

一、实训目的

1. 熟悉个人所得税纳税申报流程。

2. 熟悉、掌握个人所得税纳税申报原理。

3. 熟悉、掌握《中华人民共和国个人所得税法》及《中华人民共和国个人所得税法实施条例》基本原理。

二、知识拓展

1. 个人所得税的概念

个人所得税是国家对本国公民、居住在本国境内的个人的所得和境外个人来源于本国的所得征收的一种所得税。个人所得税以所得人为纳税人，以支付所得的单位或个人为扣缴义务人。

2. 个人所得税的征税内容

居民个人取得前款第一项至第四项所得（以下称综合所得），按纳税年度合并计算个人所得税；非居民个人取得前款第一项至第四项所得，按月或按次分项计算个人所得税。纳税人取得前款第五项至第九项所得，依照本法规定分别计算个人所得税。具体如图 5.1 所示。

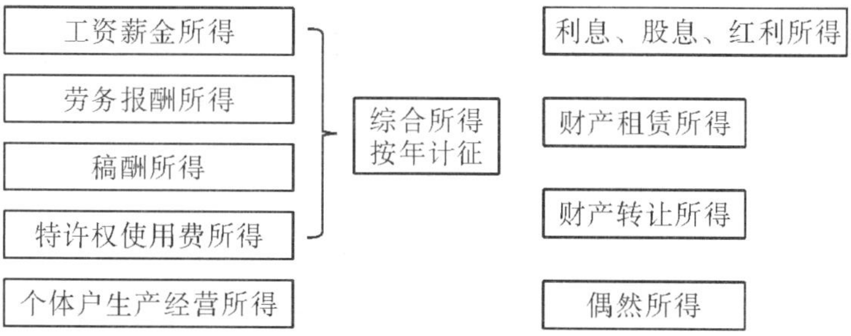

图 5.1 个人所得税征税内容

3. 四项综合所得的规定

（1）工资、薪金所得：指个人因任职或受雇而取得的工资、薪金、奖金、年终加薪、劳动分红、津贴、补贴以及与任职或受雇有关的其他所得。

（2）劳务报酬所得：指个人从事设计、装潢、安装、制图、化验、测试、医疗、法律、会计、咨询、讲学、新闻、广播、翻译、审稿、书画、雕刻、影视、录音、录像、演出、表演、广告、展览、技术服务、介绍服务、经纪服务、代办服务以及其他劳务取得的所得。

（3）稿酬所得：指个人因其作品以图书、报刊形式出版、发表而取得的所得。

（4）特许权使用费所得：指个人提供专利权、商标权、著作权、非专利技术以及其他特许权的使用权取得的所得；提供著作权的使用权取得的所得，不包括稿酬所得。

4. 个人所得税的计算

（1）居民个人综合所得

应纳税所得额=年度收入-费用六万元-专项扣除-专项附加扣除-其他扣除

（2）非居民个人的工资、薪金所得

应纳税所得额=收入额-免征额五千元

（3）经营所得

应纳税所得额=年度的收入总额-减除成本-费用-损失

（4）财产租赁所得

应纳税所得额（收入不超过四千元）=收入-费用八百元；

应纳税所得额（收入超过四千元）=收入-收入的百分之二十

（5）财产转让所得

应纳税所得额=转让财产的收入-财产原值-合理费用（税费等）

（6）利息、股息、红利所得和偶然所得

以每次收入额为应纳税所得额。

（7）劳务报酬所得、稿酬所得、特许权使用费所得

应纳税所得额=收入-收入的百分之二十

稿酬所得的收入额减按百分之七十计算。

个人将其所得对教育、扶贫、济困等公益慈善事业进行捐赠的，捐赠额未超过纳税人申报的应纳税所得额百分之三十的部分，可以从其应纳税所得额中扣除；国务院规定对农村义务教育捐赠实行全额税前扣除的。

本期应预扣预缴税额=（累计预缴应纳税所得额×税率-速算扣除数）-已累计预扣预缴税额

累计预缴应纳税所得额=累计收入-累计免税收入-累计专项扣除-累计专项附加扣除 -累计基本减除费用-累计依法确定的其他扣除

适用于居民纳税人年度综合所得使用的个人所得税预扣率如表 5. 1 所示。

表 5. 1　个人所得税预扣率表（适用于居民纳税人年度综合所得使用）

级数	累计预缴应纳税所得额	税率/%	速算扣除数
1	不超过 36 000 元的	3	0

表5.1(续)

级数	累计预缴应纳税所得额	税率/%	速算扣除数
2	超过 36 000 元至 144 000 元的部分	10	2 520
3	超过 144 000 元至 300 000 元的部分	20	16 920
4	超过 300 000 元至 420 000 元的部分	25	31 920
5	超过 420 000 元至 660 000 元的部分	30	52 920
6	超过 660 000 元至 960 000 元的部分	35	85 920
7	超过 960 000 的部分	45	181 920

5. 个人所得税的减免税政策

（1）省级人民政府、国务院部委和中国人民解放军军以上单位，以及外国组织、国际组织颁发的科学、教育、技术、文化、卫生、体育、环境保护等方面的奖金；

（2）国债和国家发行的金融债券利息；

（3）按照国家统一规定发给的补贴、津贴，如独生子女补贴；

（4）福利费、抚恤金、救济金；

（5）保险赔款；

（6）军人的转业费、复员费、退役金；

（7）按照国家统一规定发给干部、职工的安家费、退职费、基本养老金或退休费、离休费、离休生活补助费；

（8）依照有关法律规定应予免税的各国驻华使馆、领事馆的外交代表、领事官员和其他人员的所得；

（9）中国政府参加的国际公约、签订的协议中规定免税的所得；

（10）国务院规定的其他免税所得。

6. 六项专项附加扣除

子女教育、继续教育、大病医疗、住房贷款利息、住房租金、赡养老人。

三、实验指南

（一）进入系统（见图 5.2）

图 5.2　操作界面 1

（二）人员信息采集

人员信息采集主要包括【添加】、【导入】、【报送】、【获取反馈】、【导出】、【展开查询条件】和【更多操作】。单个添加人员的业务场景，适用于单位人员较少的情况；单位人员较多时，建议使用 Excel 模板批量导入功能。人员信息采集表中，带“＊”号项为必填项，其他为非必填项，根据实际情况选填。注意所有人员添加或导入后，必须点［报送］和［获取反馈］。具体如图 5.3 所示。

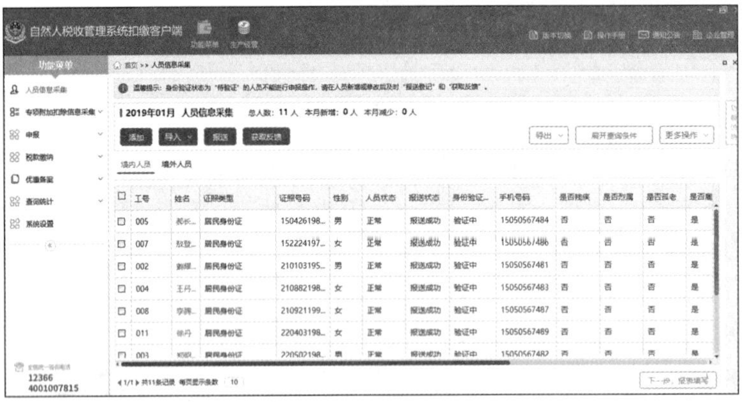

图 5.3　操作界面 2

（三）专项附加扣除信息采集

首页功能菜单下点击【专项附加扣除信息采集】（见图 5.4），会显示可采集的专项附加扣除项目，分别为“子女教育支出信息采集”“继续教育支出信息采集”“住房贷款利息支出信息采集”“住房租金支出信息采集”“赡养老人支出信息采集”。

所有专项附加扣除信息的采集操作基本类似，只是各项专项附加扣除采集的数据项有所不同。注意专项附加扣除信息采集后要点击［报送］和［获取反馈］。

图 5.4　操作界面 3

（四）综合所得申报（见图 5.3）

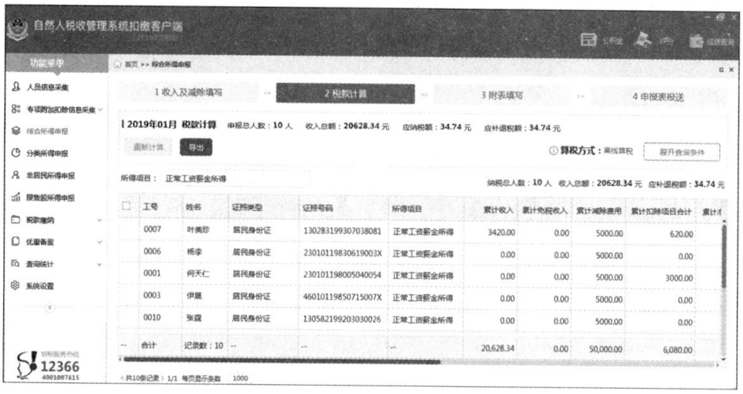

图 5.5　操作界面 4

【收入及减除填写】：用于录入综合所得各项目的收入及减除项数据，所得项目包括“工资薪金所得”“劳务报酬所得”“稿酬所得”和“特许权使用费所得”等。各所得项目展示所得项目名称、填写人数、收入额合计、状态和操作。

【税款计算】：用于收入及减除和附表填写完成后，进行税款计算的步骤，点击后系统自动对填写的所有所得项目进行税款计算。

【附表填写】：用于在收入及减除中填写了减免税额、免税收入、商业健康保险、税延养老保险情况下，补充相应附表，包括“减免事项附表”“商业健康保险附表”和“税延养老保险附表”。

【申报表报送】：点击后加载申报表报送界面，用于完成报表报送、获取反馈、申报作废、更正申报操作。

（五）分类所得申报（见图 5.6）

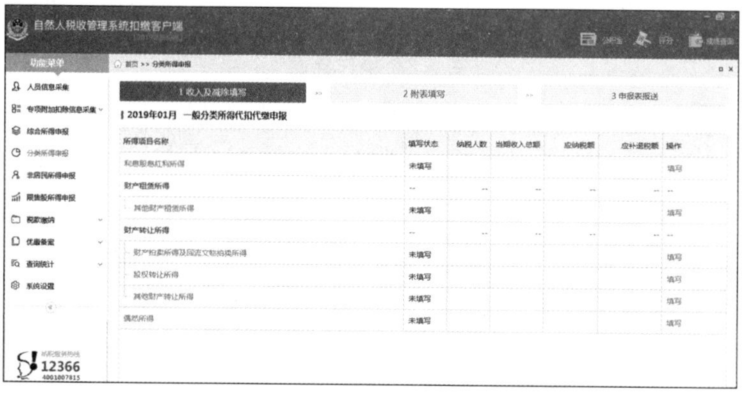

图 5.6　操作界面 5

【收入及减除填写】：填写一般分类所得代扣代缴所得项目，包括“利息股息红利所得”“其他财产租赁所得”“财产转让所得”和“偶然所得”四类。其中，财产转让所得包括“财产拍卖所得及回流文物拍卖所得”“股权转让所得”“其他财产转让所得”三小类。各所得项目展示所得项目名称、填写状态、填写人数、当期收入总额、应纳税额、应补退税额和操作。

【附表填写】：减免事项附表。当一般分类所得代扣代缴申报填写了“减免税额”或“免税收入”，则需要填写减免事项附表。

【申报表报送】：点击后加载申报表报送界面，用于完成报表报送、获取反馈、申报作废、更正申报操作。

（六）限售股所得申报（见图5.7）

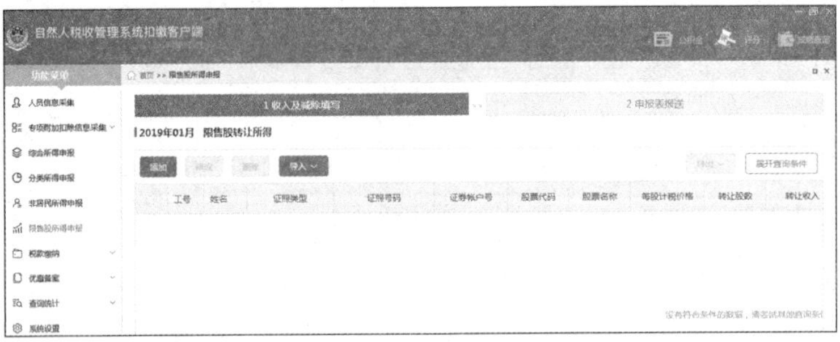

图5.7　操作界面6

（七）非居民所得申报（见图5.8）

图5.8　操作界面7

【收入及减除填写】：用于录入非居民代扣代缴所得项目的收入及减除项数据，包括“工资薪金所得”（正常工资薪金、外籍人数月奖金、解除劳动合同一次性补偿金、个人股票期权行权收入）、“劳务报酬”、“稿酬所得”、“特许权使用费所得”、“利息股息红利所得”、“其他财产租赁所得”、“财产转让所得”（财产拍卖所得及回流文物拍卖所得、股权转让所得、其他财产转让所得）、“偶然所得”八个大类。各所得项目展示所得项目名称、填写状态、纳税人数、当期收入总额、应纳税额、应补退税额和操作。

【附表填写】：包含“减免事项附表”和“个人股东股权转让信息表”。非居民代扣代缴表中填写了“减免税额”或“免税收入”，需完善减免事项附表；填写了“股权转让所得”报表，需完善个人股东股权转让信息表。

【申报表报送】：点击后加载申报表报送界面，用于完成报表报送、获取反馈、申报作废、更正申报操作。

（八）预扣预缴申报作废（见图 5.9）

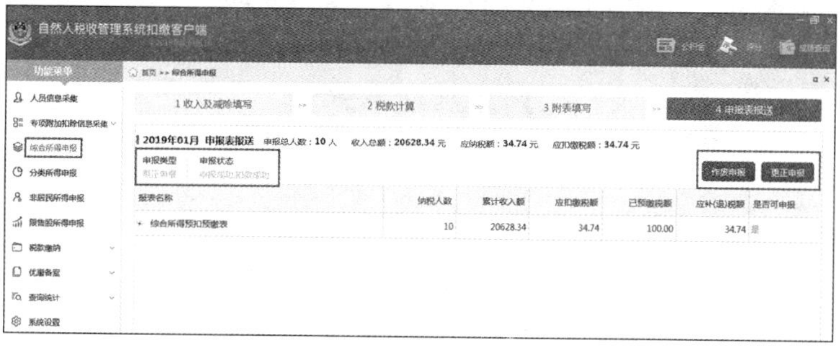

图 5.9　操作界面 8

预扣预缴更正申报与作废申报的区别在于，申报成功后是否已缴税款。若已缴款，则只能更正申报，无法作废报表。

（八）分类所得扣缴申报更正及作废（见图 5.10）

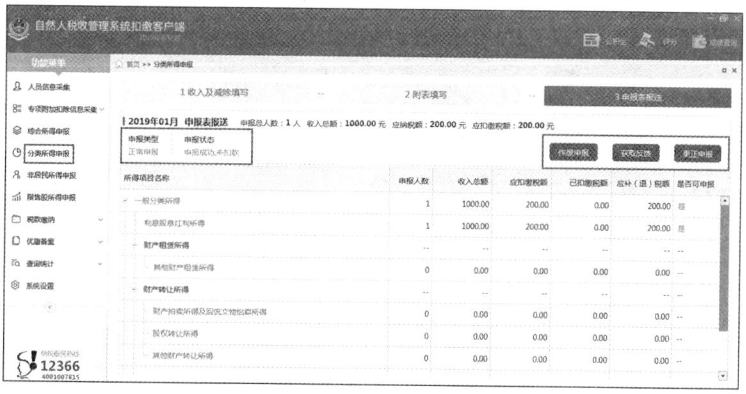

图 5.10　操作界面 9

相关操作跟预扣预缴申报更正、申报作废功能基本一致。

（九）缴纳税款

报表申报成功后，若采用三方协议缴款方式，则点击【税款缴纳】→【税款缴纳】，界面下方显示欠税相关内容，包括所得月份、申报表种类、征收品目、税率、税款所属期起止、应补退税额以及缴款期限。

点击【立即缴款】后系统会获取企业三方协议，并核对信息是否存在及正确；确认三方协议的开户行、账户名称等基本信息无误后，点击【确认扣款】发起缴款，进度条刷新完毕后得到缴款结果，即完成缴款。

（十）注意事项

公积金上限修改完成后，需重新进入系统，修改的数据才生效。具体如图 5.11、图 5.12 所示。

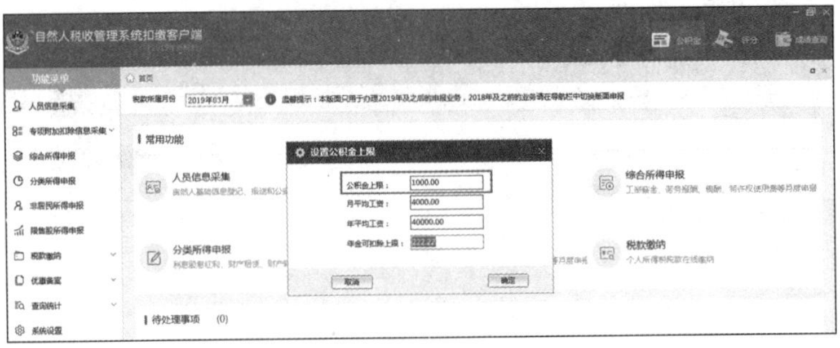

图 5.11　操作界面 10

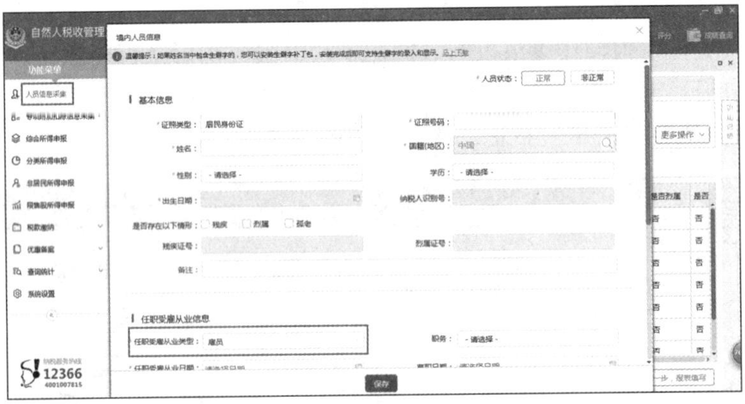

图 5.12　操作界面 11

添加人员信息时，若滑动鼠标中间的滚动建，会导致选择好的“任职受雇从业类型”发生改变，比如由“雇员”变为“其他”等。因此在采集时，应尽量使用鼠标拉动采集页面。

采集完成人员专项附加扣除信息后，在填写其工资薪金报表前，可通过“预填专项附加扣除”自动传递附加扣除数据到工资薪金报表中，但此时需注意，按照最新的个税政策，扣除为累计扣除，需特别注意税款所属期。如案例要求申报 2019 年 1 月份个税，按照政策，住房租金扣除 1 500，做案例时，需将右下角的电脑时间调整为 2019 年 2 月。若不调整，电脑默认时间为 2019 年 3 月当前时间，系统的税款所属期为 2019 年 2 月份，此时如果通过“预填专项附加扣除”自动传递附加扣除数据，那扣除数据为 1 500×2＝3 000，故练习案例时，需注意案例给出的税款所属期。具体如图 5.13 所示。

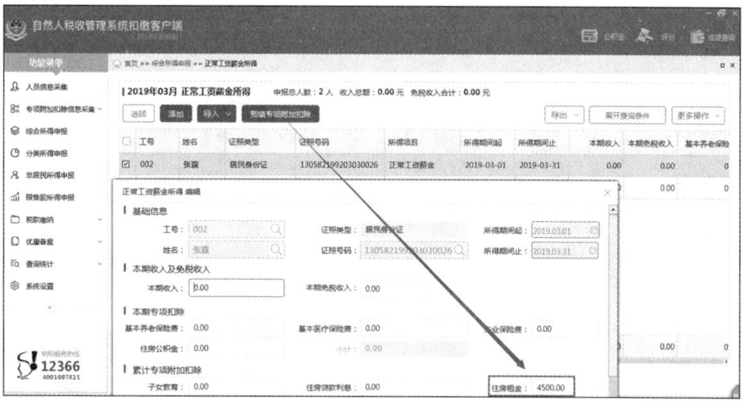

图 5.13 操作界面 12

评分时出现如图 5.14 所示的提示，是因为评分案例选择错误。

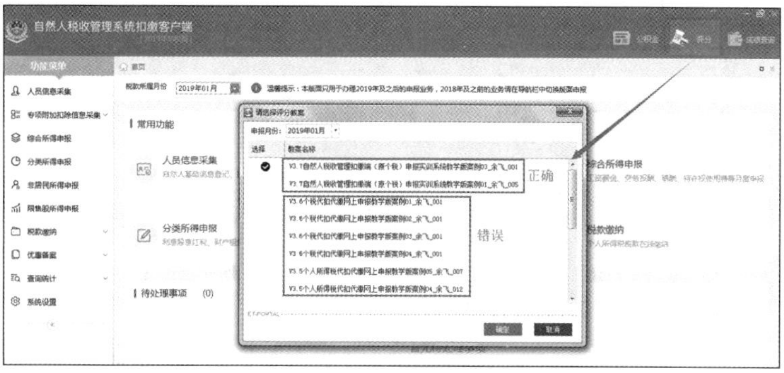

图 5.14 操作界面 13

当前的系统为最新的自然人税收管理扣缴端（原个税）申报实训系统，练习案例为 V3.7 版本个税，评分时需选择“V3.7 自然人税收管理扣缴端（原个税）申报实训系统教学版案例 XX”，不能使用“V3.6 及以下”版本案例进行评分。

如案例 01，练习时税款所属期为 2019 年 1 月份，做完并评分为 100 分。后调整系统中税款所属期到 2019 年 2 月份，练习案例 02，做完评分，发现为零分，之后通过成绩查询，发现评分时提取的数据仍为案例 01 的数据，故未得分。因为通过调整系统中的税款所属期，评分时无法获取当前的案例数据。此时需退出系统，调整电脑时间为 2019 年 3 月份，进入个税系统后，默认的税款所属期为 2019 年 2 月份，此时再评分，即提取的为案例 02 数据。具体如图 5.15 所示。

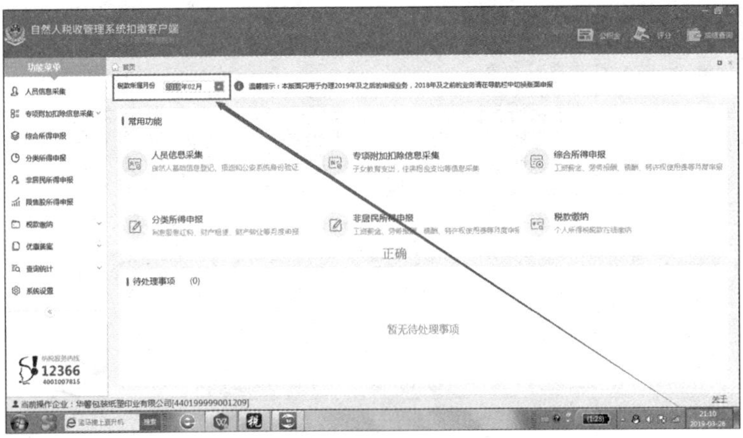

图 5.15　操作界面 14

四、实验资料

（一）案例 1

纳税人及扣缴义务单位基本信息（具体见表 5.2）

公司名称：浙江衡信教育科技有限公司

电话：0571-56688101

邮编：330000

公司地址：浙江省杭州市滨江区南环路 3738 号

表 5.2　纳税人基本信息

工号	姓名	性别	身份证号	受雇时间	联系电话	是否雇员	学历
0001	何天仁	男	23010119800504××××	2016-02-01	1566809××××	是	本科
0002	陈体国	男	37010119691108××××	2016-02-05	1824006××××	是	本科
0003	伊晟	男	46010119850715××××	2016-03-01	1872305××××	是	本科
0004	赵瑞伟	男	23010119740415××××	2016-04-01	1525417××××	是	本科
0005	肖智	男	13018319900126××××	2017-05-02	1815323××××	是	本科
0006	杨李	男	23010119830619××××	2017-06-01	1566606××××	是	本科
0007	叶美珍	女	13028319930703××××	2017-08-09	1530819××××	是	本科
0008	薛明	男	13042519940115××××	2018-02-01	1809219××××	是	本科
0009	林如海	男	13012119920404××××	2018-03-01	1560635××××	是	本科
0010	张霆	男	13058219920303××××	2018-04-01	1812432××××	是	本科

2. 2019 年 1 月计算发放 2018 年 12 月工资薪金，并代扣代缴个人所得税（见表 5. 3）。

表 5. 3　2018 年 12 月份工资薪金计算发放表

单位：元

姓名	应发工资	养老保险	医疗保险	失业保险	住房公积金	代扣个税	实发工资
何天仁	10 000. 00	244. 00	61. 00	15. 00	300. 00		
陈体国	8 000. 00	244. 00	61. 00	15. 00	800. 00		
伊晟	15 896. 00	244. 00	61. 00	15. 00	1 200. 00		
赵瑞伟	12 563. 21	244. 00	61. 00	15. 00	1 200. 00		
肖智	5 968. 00	244. 00	61. 00	15. 00	500. 00		
杨李	9 861. 36	244. 00	61. 00	15. 00	900. 00		
叶美珍	3 420. 00	244. 00	61. 00	15. 00	300. 00		
薛明	4 310. 25	244. 00	61. 00	15. 00	400. 00		
林如海	6 930. 09	244. 00	61. 00	15. 00	600. 00		
张霆	4 692. 30	244. 00	61. 00	15. 00	300. 00		

注释：收到总经理何天仁提交的专项附加扣除信息表，其家庭情况如下：妻子苏如（身份证：23010119830619××××）是家庭主妇，家中独子何雨浩（身份证：13042520070115××××）正在杭州建德中学上初二，何天仁也是家中独子，需赡养父亲何大勇（身份证：37010119560929××××），母亲林如梅（身份证：34080119630702××××）。

（二）实验任务

通过以上纳税申报数据形成纳税申报表依次保存，报表数据上报成功后，进入评分系统选择相对应的案例进行系统评分。

（三）案例 2

1. 2019 年 2 月计算发放 2019 年 1 月工资薪金，并代扣代缴个人所得税（具体见表 5. 4）。

表 5. 4　2019 年浙江衡信教育科技有限公司 1 月工资薪金计算发放表

姓名	应发工资	养老保险	医疗保险	失业保险	住房公积金	代扣个税	实发工资
何天仁	10 000. 00	244. 00	61. 00	15. 00	300. 00		
陈体国	8 000. 00	244. 00	61. 00	15. 00	800. 00		
伊晟	15 896. 00	244. 00	61. 00	15. 00	1 200. 00		
赵瑞伟	12 563. 21	244. 00	61. 00	15. 00	1 200. 00		
肖智	5 968. 00	244. 00	61. 00	15. 00	500. 00		
杨李	9 861. 36	244. 00	61. 00	15. 00	900. 00		
叶美珍	3 420. 00	244. 00	61. 00	15. 00	300. 00		

表 5.4（续）

姓名	应发工资	养老保险	医疗保险	失业保险	住房公积金	代扣个税	实发工资
薛明	4 310.25	244.00	61.00	15.00	400.00		
林如海	6 930.09	244.00	61.00	15.00	600.00		
张霆	4 692.30	244.00	61.00	15.00	300.00		

2. 2019 年 2 月计算发放 2018 年年终奖，并代扣代缴个人所得税（具体见表 5.5）。

表 5.5　2018 年浙江衡信教育科技有限公司年终奖计算发放表

姓名	奖金	代扣个人所得税	实发年终奖
何天仁	100 000.00		
陈体国	8 000.00		
伊晟	15 896.00		
赵瑞伟	12 563.21		
肖智	5 968.00		
杨李	9 861.36		
叶美珍	3 420.00		
薛明	4 310.25		
林如海	6 930.09		
张霆	4 692.30		

3. 2019 年 1 月，由于公司业务结构调整，需要暂停一块业务，即对应部门人员需要解散，公司给予部门人员补偿明细如表 5.6 所示。

表 5.6　补偿明细

姓名	奖金	代扣个人所得税	实发年终奖
薛明	8 620.50		
林如海	13 860.18		
伊晟	9 384.60		

注释：2018 年杭州市职工月平均工资为 8 103.67 元，公积金上限 2 917.00 元。

（四）实验任务

通过以上纳税申报数据形成纳税申报表依次保存，报表数据上报成功后，进入评分系统选择相对应的案例进行系统评分。

实验项目六 企业所得税纳税申报实验

一、实验目的

1. 掌握企业所得税纳税申报表及附表的填制。
2. 熟悉、掌握企业所得税年度纳税申报表（A 类）纳税申报原理。
3. 熟悉、掌握《中华人民共和国企业所得税法》及《中华人民共和国企业所得税法实施条例》的基本原理。

二、知识拓展

根据财税〔2018〕51 号《关于企业职工教育经费税前扣除政策的通知》，自 2018 年 1 月 1 日起，企业发生的职工教育经费支出，不超过工资薪金总额 8%的部分，准予在计算企业所得税应纳税所得额时扣除；超过部分，准予在以后纳税年度结转扣除。

企业所得税按年计征，分月或分季度预缴，年终汇算清缴，多退少补。按月或按季预缴的，应当月份或季度终了之日起 15 日内，向税务机关报送预缴企业所得税纳税申报表，预缴税款。企业在纳税年度内无论盈利或亏损，都应当依照《中华人民共和国企业所得税法》第 54 条规定期限，向税务机关报送预缴企业所得税纳税申报表、年度企业所得税纳税申报表、财务会计报告和税务机关规定应当报送的其他有关资料。

三、企业所得税纳税申报实验内容

企业所得税纳税申报实验内容具体见图 6.1 所示。

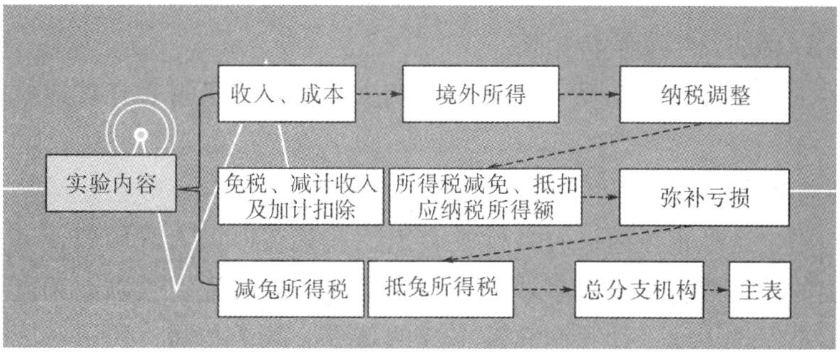

图 6.1　企业所得税纳税申报实验内容

四、操作流程

具体操作流程如图 6.2 所示。

图 6.2　年度汇算清缴操作流程

五、相关理论知识

(一) 职工福利费、工会经费、职工教育经费扣除限额

(1) 企业发生的职工福利费支出，不超过工资薪金总额 14%的部分准予扣除。

(2) 企业拨缴的工会经费，不超过工资薪金总额 2%的部分准予扣除。

(3) 除国务院财政、税务主管部门或省级人民政府规定外，企业发生的职工教育经费支出，不超过工资薪金总额 8%的部分准予扣除，超过部分准予结转以后纳税年度扣除。

(二) 利息费用扣除

企业在生产、经营活动中发生的利息费用，按下列规定扣除：

(1) 非金融企业向金融企业借款的利息支出、金融企业的各项存款利息支出和同业拆借利息支出、企业经批准发行债券的利息支出可据实扣除。

(2) 非金融企业向非金融企业借款的利息支出，不超过按照金融企业同期同类贷款利率计算的数额的部分可据实扣除，超过部分不许扣除。

(三) 业务招待费

企业发生的与生产经营活动有关的业务招待费支出，按照实际发生额的 60%与当年销售（营业）收入的 5‰孰低原则扣除。

(四) 广告费和业务宣传费

(1) 企业发生的符合条件的广告费和业务宣传费支出，除国务院财政、税务主管部门另有规定外，不超过当年销售（营业）收入 15%的部分，准予扣除；超过部分，准予结转以后纳税年度扣除。

(2) 对化妆品制造或销售、医药制造和饮料制造（不含酒类制造）企业发生的广告费和业务宣传费支出，不超过当年销售（营业）收入 30%的部分，准予扣除；超过部分，准予在以后纳税年度结转扣除。

(3) 烟草企业的烟草广告费和业务宣传费支出，一律不得在计算应纳税所得额时扣除。

(五) 公益性捐赠支出

公益性捐赠，是指企业通过公益性社会组织或县级以上人民政府及其部门，用于符合法律规定的慈善活动、公益事业的捐赠。企业当年发生以及以前年度结转的公益性捐赠支出，不超过年度会计利润总额 12%的部分，准予扣除；超过年度会计利润总额 12%的部分，准予结转以后 3 年内在计算应纳税所得额时扣除。

（六）免税收入

（1）国债利息收入。

（2）符合条件的居民企业之间的股息、红利等权益性投资收益。

（3）在中国境内设立机构、场所的非居民企业从居民企业取得与该机构、场所有实际联系的股息、红利等权益性投资收益。

（4）符合条件的非营利组织的收入。

（5）非营利组织其他免税收入。

（七）不征税收入

（1）财政拨款。

（2）依法收取并纳入财政管理的行政事业性收费、政府性基金。

（3）国务院规定的其他不征税收入。

（八）在计算应纳税所得额时，下列支出不得扣除

（1）向投资者支付的股息、红利等权益性投资收益款项。

（2）企业所得税税款。

（3）税收滞纳金，即纳税人违反税收法规，被税务机关处以的滞纳金。

（4）罚金、罚款和被没收财物的损失，即纳税人违反国家有关法律法规规定，被有关部门处以的罚款，以及被司法机关处以的罚金和被没收财物的损失。

（5）超过规定标准的捐赠支出。

（6）赞助支出。

（7）未经核定的准备金支出。

（8）企业之间支付的管理费、企业内营业机构之间支付的租金和特许权使用费，以及非银行企业内营业机构之间支付的利息。

（9）企业以其取得的不征税收入用于支出所形成的费用或资产（包括对资产计提的折旧、摊销）不得在税前扣除，但企业取得的各项免税收入所对应的各项成本费用，除另有规定外，可以在计算企业应纳税所得额时扣除。

（10）与取得收入无关的其他支出。

（九）应纳税所得额的计算一般有两种方法

1. 直接计算法

在直接计算法下，企业每一纳税年度的收入总额减除不征税收入、免税收入、各项扣除以及允许弥补的以前年度亏损后的余额为应纳税所得额。其计算公式为：

应纳税所得额=收入总额-不征税收入-免税收入-各项扣除金额-弥补亏损

2. 间接计算法

在间接计算法下，在会计利润总额的基础上加或减按照税法规定调整的项目金额后，即为应纳税所得额。其计算公式为：

应纳税所得额=会计利润总额±纳税调整项目金额

（十）纳税调整项目金额

它包括两方面的内容，一是企业的财务会计处理和税收规定不一致的应予以调整的金额，二是企业按税法规定准予扣除的税收金额。

六、企业所得税年度（A类）网上申报实验（手工）

（一）实验资料

广州广昌教育科技有限公司成立于2010年1月1日，属于增值税一般纳税人，税务机关核定的企业所得税征收方式为查账征收，按照实际利润预缴方式预缴企业所得税。其他基本信息如下：非跨地区经营企业，非小型微利企业，非上市公司。资产总额15 000.00万元，从业人数1 200人（无残疾人员、无国家鼓励安置的其他就业人员）。

股东信息：周仁（中国国籍，身份证33010119601112××××）投资比例70%；李汝欣（中国国籍，身份证33010119650506××××）投资比例30%

公司适用的所得税税率：25%

所属行业：8391 职业技能培训

会计主管：刘鸿军

适用的会计准则：企业会计准则（一般企业）

采用的境外所得抵免方式：不分国（地区）不分项

会计档案存放地：广东省广州市

会计核算软件：用友

记账本位币：人民币

会计政策和估计是否发生变化：否

固定资产折旧方法：年限平均法

存货成本计价方法：先进先出法

坏账损失核算方法：备抵法

所得税计算方法：资产负债表债务法（企业会计准则要求对企业所得税采用资产负债表债务法进行核算）

按税收规定比例扣除的职工教育经费8%、广告费和业务宣传费15%。

现进行该公司2018年度企业所得税汇算清缴，已经预缴所得税额128.52万元，相关资料如表6.1所示。

表6.1　利润表

编制单位：广昌教育科技有限公司　2018年12月31日　单位：万元

项目	本月数	本年累计
一、营业收入	1 100.00	8 300.00
减：营业成本	430.00	5 136.00
税金及附加	15.00	205.00
销售费用	90.00	1 010.00
管理费用	105.00	1 250.00
研发费用		
财务费用	9.00	102.00

表6.1(续)

项目	本月数	本年累计
其中：利息费用		
利息收入		
资产减值损失	50.00	50.00
信用减值损失		
加：其他收益		
投资收益（损失以“-”号填列）	105.00	105.00
其中：对联营企业和合营企业的投资收益		
净敞口套期收益（损失以“-”号填列）		
公允价值变动收益（损失以“-”号填列）	20.00	20.00
资产处置收益（损失以“-”号填列）		
二、营业利润（亏损以“-”号填列）	526.00	672.00
加：营业外收入		54.60
减：营业外支出		39.00
三、利润总额（亏损总额以“-”号填列）	526.00	687.60
减：所得税费用	131.50	171.90
四、净利润（净亏损以“-”号填列）	394.50	515.10
（一）持续经营净利润（净亏损以“-”号填列）		
（二）终止经营净利润（净亏损以“-”号填列）		
五、其他综合收益的税后净额		
（一）不能重分类进损益的其他综合收益		
1. 重新计量设定受益计划变动额		
2. 权益法下不能转损益的其他综合收益		
3. 其他权益工具投资公允价值变动		
4. 企业自身信用风险公允价值变动		
…		
（二）将重分类进损益的其他综合收益		
1. 权益法下可转损益的其他综合收益		
2. 其他债权投资公允价值变动		
3. 金融资产重分类计入其他综合收益的金额		
4. 其他债权投资信用减值准备		
5. 现金流量套期储备		
6. 外币财务报表折算差额		

具体明细资料如表6.2、表6.3、表6.4、表6.5、表6.6、表6.7、表6.8、表6.9、表6.10、表6.11、表6.12所示（注：金额单位统一为万元）：

表6.2　企业收入明细表

一级科目	明细科目	金额	备注
主营业务收入	销售商品收入	6 800.00	
	提供劳务收入	700.00	
	让渡资产使用权收入	800.00	
营业外收入	非货币性资产交换利得	40.00	
	政府补助利得	12.00	企业不能提供规定资金专项用途的资金拨付文件
	其他	2.60	

表6.3　成本支出明细表

一级科目	明细科目	金额	备注
主营业务成本	销售商品成本	4 156.00	
	提供劳务成本	420.00	
	让渡资产使用权成本	560.00	
营业外支出	罚没支出	9.00	工商滞纳金5万元，合同违约金4万元
	其他	30.00	给购货方回扣10万元，环境保护支出8万元，关联企业赞助支出12万元

表6.4　期间费用明细表

一级科目	明细科目	金额	备注
销售费用	职工薪酬	302.14	
	广告费	707.86	
管理费用	职工薪酬	697.86	
	资产折旧摊销费	58.86	
	其他	493.28	
财务费用	佣金和手续费	0.90	
	利息支出	0.50	
	现金折扣	92.60	
	其他	8.00	

表 6.5　境外所得纳税调整项目

国家	境外税后所得（财产转让所得）	境外所得税率	境外所得换算含税所得	境外直接缴纳的所得税额（可抵免税额）	可抵免限额
美国	78.00	35%	120.00	42.00	30.00

表 6.6　视同销售纳税调整项目

业务项目	金额	备注
用于职工奖励或福利视同销售收入	6.50	将自产产品作为员工福利成本 4 万元，市场不含税价 6.5 万元，未作收入处理
用于职工奖励或福利视同销售成本	4.00	

表 6.7　免税收入明细表

收入类型	金额	备注
国债利息收入	50.00	
股息（居民企业）	55.00	直接投资 A 企业（统一社会信用代码：913308232202643708）220 万元，占股 5%，2018 年 12 月 22 日 A 企业公布利润分配决定，广昌教育科技有限公司获得股利 55 万元

表 6.8　资产折旧/摊销情况（备注：企业本年度不享受固定资产加速折旧）

资产项目	会计				税法			
	原值	折旧年限（年）	本年折旧/摊销额	累计折旧/摊销额	原值	折旧年限（年）	本年折旧/摊销额	累计折旧/摊销额
生产专用器具	155.00	10 年	15.50	62.00	105.00	10 年	10.50	42.00
办公电子设备等	100.00	6 年	15.83	79.15	100.00	6 年	15.83	79.15
专利权	413.00	15 年	27.53	110.12	619.50	15 年	41.30	165.20

表 6.9　广告费费用调整明细表

项目	会计	税法	调整	备注
广告费	707.86			

表 6.10　职工薪酬调整明细

项目	账载金额	实际发生额	税收金额	备注
职工薪酬	1 000.00	1 000.00	1 000.00	
职工福利费	210.00	210.00		工资 14%允许扣除
职工教育经费	40.00	40.00		工资 8%允许扣除，超支部分可在以后年度无限结转
工会经费	20.00	20.00		工资 2%允许扣除

表 6.11　其他纳税调整项目

项目类别	金额	备注
公允价值变动损益	20.00	投资性房地产在 18 年度的公允价值变动金额
罚金、罚款	3.00	工商滞纳金 3 万元（不予扣除）
赞助支出	10.00	关联企业赞助支出 10 万元（不予扣除）
与取得收入无关的支出	12.00	给购货方回扣 12 万元（不予扣除）
资产减值准备金	50.00	计提坏账准备 20 万元，存货跌价准备 30 万元

表 6.12　企业所得税弥补亏损明细表

年度	盈利额或亏损额	备注
2013	6.60	
2014	3.50	
2015	12.00	
2016	36.00	
2017	11.32	

（二）实验任务

（1）按照资料填写附表。

（2）计算和填写纳税调整明细表。

（3）填写企业所得税申报表。

（三）实验材料

具体实验材料如表 6.13、表 6.14、表 6.15、表 6.17、表 6.18、表 6.19、表 6.20、表 6.21、表 6.22、表 6.23、表 6.24 所示。

表 6.13　中华人民共和国企业所得税年度纳税申报表（A 类）

行次	类别	项目	金额
1	利润总额计算	一、营业收入	
2		减：营业成本	
3		减：税金及附加	
4		减：销售费用	
5		减：管理费用	
6		减：财务费用	
7		减：资产减值损失	
8		加：公允价值变动收益	
9		加：投资收益	
10		二、营业利润（1-2-3-4-5-6-7+8+9）	
11		加：营业外收入	
12		减：营业外支出	
13		三、利润总额（10+11-12）	
14	应纳税所得额计算	减：境外所得	
15		加：纳税调整增加额	
16		减：纳税调整减少额	
17		减：免税、减计收入及加计扣除	
18		加：境外应税所得抵减境内亏损	
19		四、纳税调整后所得（13-14+15-16-17+18）	
20		减：所得减免	
21		减：弥补以前年度亏损	
22		减：抵扣应纳税所得额	
23		五、应纳税所得额（19-20-21-22）	

表 6.13（续）

行次	类别	项目	金额
24	应纳税额计算	税率（25%）	
25		六、应纳所得税额（23×24）	
26		减：减免所得税额	
27		减：抵免所得税额	
28		七、应纳税额（25-26-27）	
29		加：境外所得应纳所得税额	
30		减：境外所得抵免所得税额	
31		八、实际应纳所得税额（28+29-30）	
32		本年累计实际已缴纳的所得税额	
33		九、本年应补（退）所得税额（31-32）	
34		其中：总机构分摊本年应补（退）所得税额	
35		财政集中分配本年应补（退）所得税额	
36		总机构主体生产经营部门分摊本年应补(退)所得税额	

表 6.14　一般企业收入明细表

行次	项目	金额
1	一、营业收入（2+9）	
2	（一）主营业务收入（3+5+6+7+8）	
3	1. 销售商品收入	
4	其中：非货币性资产交换收入	
5	2. 提供劳务收入	
6	3. 建造合同收入	
7	4. 让渡资产使用权收入	
8	5. 其他	
9	（二）其他业务收入（10+12+13+14+15）	
10	1. 销售材料收入	
11	其中：非货币性资产交换收入	
12	2. 出租固定资产收入	
13	3. 出租无形资产收入	
14	4. 出租包装物和商品收入	

表 6.14（续）

行次	项目	金额
15	5. 其他	
16	二、营业外收入（17+18+19+20+21+22+23+24+25+26）	
17	（一）非流动资产处置利得	
18	（二）非货币性资产交换利得	
19	（三）债务重组利得	
20	（四）政府补助利得	
21	（五）盘盈利得	
22	（六）捐赠利得	
23	（七）罚没利得	
24	（八）确实无法偿付的应付款项	
25	（九）汇兑收益	
26	（十）其他	

表 6.15　一般企业成本支出明细表

行次	项目	金额
1	一、营业成本（2+9）	
2	（一）主营业务成本（3+5+6+7+8）	
3	1. 销售商品成本	
4	其中：非货币性资产交换成本	
5	2. 提供劳务成本	
6	3. 建造合同成本	
7	4. 让渡资产使用权成本	
8	5. 其他	
9	（二）其他业务成本（10+12+13+14+15）	
10	1. 销售材料成本	
11	其中：非货币性资产交换成本	
12	2. 出租固定资产成本	
13	3. 出租无形资产成本	
14	4. 包装物出租成本	
15	5. 其他	
16	二、营业外支出（17+18+19+20+21+22+23+24+25+26）	
17	（一）非流动资产处置损失	

表 6.15（续）

行次	项目	金额
18	（二）非货币性资产交换损失	
19	（三）债务重组损失	
20	（四）非常损失	
21	（五）捐赠支出	
22	（六）赞助支出	
23	（七）罚没支出	
24	（八）坏账损失	
25	（九）无法收回的债券股权投资损失	
26	（十）其他	

表 6.16　期间费用明细表

行次	项目	销售费用	其中：境外支付	管理费用	其中：境外支付	财务费用	其中：境外支付
		1	2	3	4	5	6
1	一、职工薪酬						
2	二、劳务费						
3	三、咨询顾问费						
4	四、业务招待费						
5	五、广告费和业务宣传费						
6	六、佣金和手续费						
7	七、资产折旧摊销费						
8	八、财产损耗、盘亏及毁损损失						
9	九、办公费						
10	十、董事会费						
11	十一、租赁费						
12	十二、诉讼费						
13	十三、差旅费						
14	十四、保险费						
15	十五、运输、仓储费						
16	十六、修理费						
17	十七、包装费						

表 6.16（续）

行次	项目	销售费用	其中：境外支付	管理费用	其中：境外支付	财务费用	其中：境外支付
		1	2	3	4	5	6
18	十八、技术转让费						
19	十九、研究费用						
20	二十、各项税费						
21	二十一、利息收支						
22	二十二、汇兑差额						
23	二十三、现金折扣						
24	二十四、党组织工作经费						
25	二十五、其他						
26	合计（1+2+3+…+25）						

表 6.17　纳税调整项目明细表

行次	项目	账载金额	税收金额	调增金额	调减金额
		1	2	3	4
1	一、收入类调整项目（2+3+4+5+6+7+8+10+11）				
2	（一）视同销售收入				
3	（二）未按权责发生制原则确认的收入				
4	（三）投资收益				
5	（四）按权益法核算长期股权投资对初始投资成本调整确认收益				
6	（五）交易性金融资产初始投资调整				
7	（六）公允价值变动净损益				
8	（七）不征税收入				
9	其中：专项用途财政性资金				
10	（八）销售折扣、折让和退回				
11	（九）其他				
12	二、扣除类调整项目（13+14+…+24+26+27+28+29+30）				

表6.17（续）

行次	项目	账载金额	税收金额	调增金额	调减金额
		1	2	3	4
13	（一）视同销售成本				
14	（二）职工薪酬				
15	（三）业务招待费支出				
16	（四）广告费和业务宣传费支出				
17	（五）捐赠支出				
18	（六）利息支出				
19	（七）罚金、罚款和被没收财物的损失				
20	（八）税收滞纳金、加收利息				
21	（九）赞助支出				
22	（十）与未实现融资收益相关在当期确认的财务费用				
23	（十一）佣金和手续费支出				
24	（十二）不征税收入用于支出所形成的费用				
25	其中：专项用途财政性资金用于支出所形成的费用				
26	（十三）跨期扣除项目				
27	（十四）与取得收入无关的支出				
28	（十五）境外所得分摊的共同支出				
29	（十六）党组织工作经费				
30	（十七）其他				
31	三、资产类调整项目（32+33+34+35）				
32	（一）资产折旧、摊销				
33	（二）资产减值准备金				
34	（三）资产损失				
35	（四）其他				
36	四、特殊事项调整项目（37+38+39+40+41+42）				

表 6.17（续）

行次	项目	账载金额	税收金额	调增金额	调减金额
		1	2	3	4
37	（一）企业重组及递延纳税事项				
38	（二）政策性搬迁				
39	（三）特殊行业准备金				
40	（四）房地产开发企业特定业务计算的纳税调整额				
41	（五）合伙企业法人合伙人应分得的应纳税所得额				
42	（六）其他				
43	五、特别纳税调整应税所得				
44	六、其他				
45	合计（1+12+30+35+41+42）				

表 6.18　视同销售和房地产开发企业特定业务纳税调整明细表

行次	项目	税收金额	纳税调整金额
		1	2
1	一、视同销售（营业）收入（2+3+4+5+6+7+8+9+10）		
2	（一）非货币性资产交换视同销售收入		
3	（二）用于市场推广或销售视同销售收入		
4	（三）用于交际应酬视同销售收入		
5	（四）用于职工奖励或福利视同销售收入		
6	（五）用于股息分配视同销售收入		
7	（六）用于对外捐赠视同销售收入		
8	（七）用于对外投资项目视同销售收入		
9	（八）提供劳务视同销售收入		
10	（九）其他		
11	二、视同销售（营业）成本（12+13+14+15+16+17+18+19+20）		
12	（一）非货币性资产交换视同销售成本		
13	（二）用于市场推广或销售视同销售成本		
14	（三）用于交际应酬视同销售成本		
15	（四）用于职工奖励或福利视同销售成本		
16	（五）用于股息分配视同销售成本		

表 6.18（续）

行次	项目	税收金额	纳税调整金额
		1	2
17	（六）用于对外捐赠视同销售成本		
18	（七）用于对外投资项目视同销售成本		
19	（八）提供劳务视同销售成本		
20	（九）其他		
21	三、房地产开发企业特定业务计算的纳税调整额（22-26）		
22	（一）房地产企业销售未完工开发产品特定业务计算的纳税调整额（24-25）		
23	1. 销售未完工产品的收入		
24	2. 销售未完工产品预计毛利额		
25	3. 实际发生的税金及附加、土地增值税		
26	（二）房地产企业销售的未完工产品转完工产品特定业务计算的纳税调整额（28-29）		
27	1. 销售未完工产品转完工产品确认的销售收入		
28	2. 转回的销售未完工产品预计毛利额		
29	3. 转回实际发生的税金及附加、土地增值税		

表 6.19　职工薪酬支出及纳税调整明细表

行次	项目	账载金额	实际发生额	税收规定扣除率	以前年度累计结转扣除额	税收金额	纳税调整金额	累计结转以后年度扣除额
		1	2	3	4	5	6（1-5）	7（2+4-5）
1	一、工资薪金支出							
2	其中：股权激励							
3	二、职工福利费支出							
4	三、职工教育经费支出							
5	其中：按税收规定比例扣除的职工教育经费							
6	按税收规定全额扣除的职工培训费用							
7	四、工会经费支出							
8	五、各类基本社会保障性缴款							
9	六、住房公积金							
10	七、补充养老保险							
11	八、补充医疗保险							
12	九、其他							
13	合计（1+3+4+7+8+9+10+11+12）							

表 6.20　广告费和业务宣传费跨年度纳税调整明细表

行次	项　目	金　额
1	一、本年广告费和业务宣传费支出	
2	减：不允许扣除的广告费和业务宣传费支出	
3	二、本年符合条件的广告费和业务宣传费支出（1-2）	
4	三、本年计算广告费和业务宣传费扣除限额的销售（营业）收入	
5	乘：税收规定扣除率	
6	四、本企业计算的广告费和业务宣传费扣除限额（4×5）	
7	五、本年结转以后年度扣除额（3>6，本行=3-6；3≤6，本行=0）	
8	加：以前年度累计结转扣除额	
9	减：本年扣除的以前年度结转额［3>6，本行=0；3≤6，本行=8与（6-3）孰小值］	
10	六、按照分摊协议归集至其他关联方的广告费和业务宣传费（10≤3与6孰小值）	
11	按照分摊协议从其他关联方归集至本企业的广告费和业务宣传费	
12	七、本年广告费和业务宣传费支出纳税调整金额（3>6，本行=2+3-6+10-11；3≤6，本行=2+10-11-9）	
13	八、累计结转以后年度扣除额（7+8-9）	

表 6.21　资产折旧、摊销及纳税调整明细表

行次	项目		账载金额			税收金额					纳税调整金额
			资产原值	本年折旧、摊销额	累计折旧、摊销额	资产计税基础	税收折旧、摊销额	享受加速折旧政策的资产按税收一般规定计算的折旧、摊销额	加速折旧、摊销统计额	累计折旧、摊销额	
			1	2	3	4	5	6	7=5-6	8	9（2-5）
1	一、固定资产（2+3+4+5+6+7）										
2	所有固定资产	（一）房屋、建筑物									
3		（二）飞机、火车、轮船、机器、机械和其他生产设备									
4		（三）与生产经营活动有关的器具、工具、家具等									
5		（四）飞机、火车、轮船以外的运输工具									
6		（五）电子设备									
7		（六）其他									

表 6.21（续）

行次	项目		账载金额			税收金额					纳税调整金额
			资产原值	本年折旧、摊销额	累计折旧、摊销额	资产计税基础	税收折旧、摊销额	享受加速折旧政策的资产按税收一般规定计算的折旧、摊销额	加速折旧、摊销统计额	累计折旧、摊销额	
			1	2	3	4	5	6	7=5-6	8	9（2-5）
8	其中：享受固定资产加速折旧及一次性扣除政策的资产加速折旧额大于一般折旧额的部分	（一）重要行业固定资产加速折旧（不含一次性扣除）									
9		（二）其他行业研发设备加速折旧									
10		（三）固定资产一次性扣除									
11		（四）技术进步、更新换代固定资产									
12		（五）常年强震动、高腐蚀固定资产									
13		（六）外购软件折旧									
14		（七）集成电路企业生产设备									
15	二、生产性生物资产（16+17）										
16	（一）林木类										
17	（二）畜类										
18	三、无形资产（19+20+21+22+23+24+25+27）										

表 6.21（续）

行次	项目	账载金额			税收金额					纳税调整金额
		资产原值	本年折旧、摊销额	累计折旧、摊销额	资产计税基础	税收折旧、摊销额	享受加速折旧政策的资产按税收一般规定计算的折旧、摊销额	加速折旧、摊销统计额	累计折旧、摊销额	
		1	2	3	4	5	6	7=5-6	8	9（2-5）
19	（一）专利权									
20	（二）商标权									
21	（三）著作权									
22	（四）土地使用权									
23	（五）非专利技术									
24	（六）特许权使用费									
25	（七）软件									
26	其中：享受企业外购软件加速摊销政策									
27	（八）其他									
28	四、长期待摊费用（29+30+31+32+33）									
29	（一）已足额提取折旧的固定资产的改建支出									
30	（二）租入固定资产的改建支出									

表 6.21（续）

行次	项目	账载金额			税收金额					纳税调整金额
		资产原值	本年折旧、摊销额	累计折旧、摊销额	资产计税基础	税收折旧、摊销额	享受加速折旧政策的资产按税收一般规定计算的折旧、摊销额	加速折旧、摊销统计额	累计折旧、摊销额	
		1	2	3	4	5	6	7=5-6	8	9（2-5）
31	（三）固定资产的大修理支出									
32	（四）开办费									
33	（五）其他									
34	五、油气勘探投资									
35	六、油气开发投资									
36	合计（1+15+18+28+34+35）									
附列资料	全民所有制企业公司制改制资产评估增值政策资产									

表 6.22　企业所得税弥补亏损明细表

行次	项目	年度	当年境内所得额	分立转出的亏损额	合并、分立转入的亏损额		弥补亏损企业类型	当年亏损额	当年待弥补的亏损额	用本年度所得额弥补的以前年度亏损额		可结转以后年度弥补的亏损额
					可弥补年限 5 年	可弥补年限 10 年				使用境内所得弥补	使用境外所得弥补	
		1	2	3	4	5	6	7	8	9	10	11
1												
2												
3												
4												
5												
6												
7												
8												
9												
10												
11												

表 6.23　免税、减计收入及加计扣除优惠明细表

行次	项目	金额
1	一、免税收入（2+3+6+7+8+9+10+11+12+13+14+15+16）	
2	（一）国债利息收入免征企业所得税	
3	（二）符合条件的居民企业之间的股息、红利等权益性投资收益免征企业所得税	
4	其中：内地居民企业通过沪港通投资且连续持有 H 股满 12 个月取得的股息红利所得免征企业所得税	
5	内地居民企业通过深港通投资且连续持有 H 股满 12 个月取得的股息红利所得免征企业所得税	
6	（三）符合条件的非营利组织的收入免征企业所得税	
7	（四）符合条件的非营利组织（科技企业孵化器）的收入免征企业所得税	
8	（五）符合条件的非营利组织（国家大学科技园）的收入免征企业所得税	
9	（六）中国清洁发展机制基金取得的收入免征企业所得税	
10	（七）投资者从证券投资基金分配中取得的收入免征企业所得税	
11	（八）取得的地方政府债券利息收入免征企业所得税	
12	（九）中国保险保障基金有限责任公司取得的保险保障基金等收入免征企业所得税	
13	（十）中国奥委会取得北京冬奥组委支付的收入免征企业所得税	
14	（十一）中国残奥委会取得北京冬奥组委分期支付的收入免征企业所得税	
15	（十二）其他 1	
16	（十三）其他 2	
17	二、减计收入（18+19+23+24）	
18	（一）综合利用资源生产产品取得的收入在计算应纳税所得额时减计收入	
19	（二）金融、保险等机构取得的涉农利息、保费减计收入（20+21+22）	
20	1. 金融机构取得的涉农贷款利息收入在计算应纳税所得额时减计收入	
21	2. 保险机构取得的涉农保费收入在计算应纳税所得额时减计收入	
22	3. 小额贷款公司取得的农户小额贷款利息收入在计算应纳税所得额时减计收入	
23	（三）取得铁路债券利息收入减半征收企业所得税	
24	（四）其他	
25	三、加计扣除（26+27+28+29+30）	
26	（一）开发新技术、新产品、新工艺发生的研究开发费用加计扣除	
27	（二）科技型中小企业开发新技术、新产品、新工艺发生的研究开发费用加计扣除	
28	（三）企业为获得创新性、创意性、突破性的产品进行创意设计活动而发生的相关费用加计扣除	
29	（四）安置残疾人员所支付的工资加计扣除	
30	（五）其他	
31	合计（1+17+25）	

表 6.24　符合条件的居民企业之间的股息、红利等权益性投资收益优惠明细表

行次	被投资企业	被投资企业统一社会信用代码（纳税人识别号）	投资性质	投资成本	投资比例	被投资企业利润分配确认金额		被投资企业清算确认金额			撤回或减少投资确认金额						合计
						被投资企业做出利润分配或转股决定时间	依决定归属于本公司的股息、红利等权益性投资收益金额	分得的被投资企业清算剩余资产	被清算企业累计未分配利润和累计盈余公积应享有部分	应确认的股息所得	从被投资企业撤回或减少投资取得的资产	减少投资比例	收回初始投资成本	取得资产中超过收回初始投资成本部分	撤回或减少投资应享有被投资企业累计未分配利润和累计盈余公积	应确认的股息所得	
	1	2	3	4	5	6	7	8	9	10（8与9孰小）	11	12	13（4×12）	14（11−13）	15	16（14与15孰小）	17（7+10+16）
1																	
2																	
3																	
4																	
5																	
6																	
7																	
8																	
9																	
10																	

七、企业所得税年度(A 类)网上申报实验（税友衡信实训平台）

（一）实验操作指南

1、打开实训平台（见图 6.3）

图 6.3　税务实训平台

2、登录平台（见图 6.4）

图 6.4　登录页面

3、进入实训平台界面（见图 6.5）

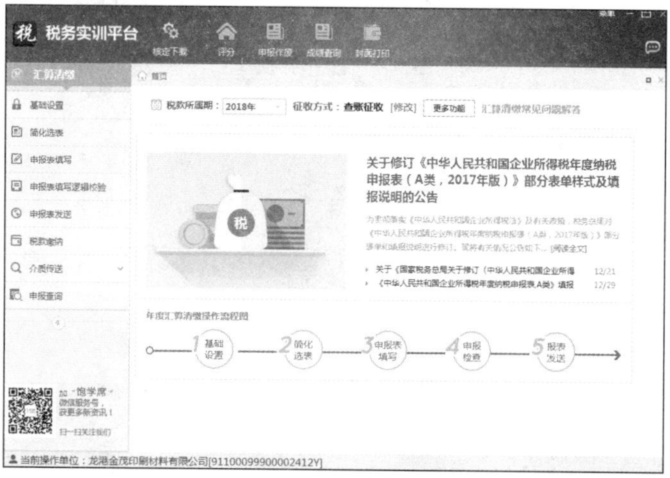

图 6.5　实训平台界面

4. 设置税款所属期（见图 6.6）

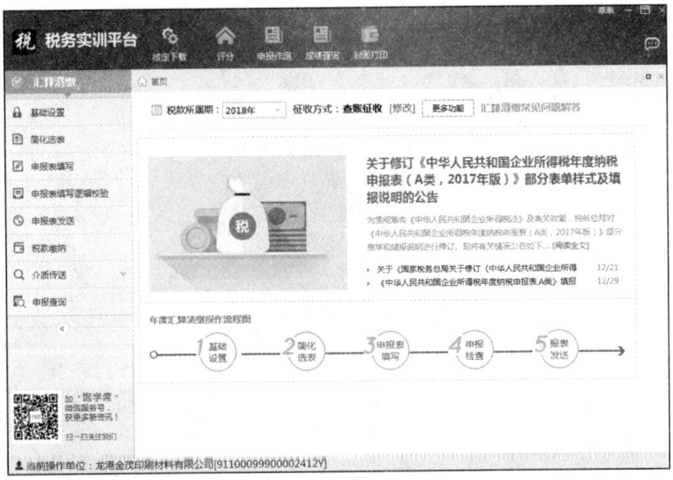

图 6.6　操作界面 1

修改税款所属期：根据具体案例进行设置，本月所做的业务都自动保存在本所属期当中。若是下次打开时，数据不见了，可能是因为税款所属期没有调整。

5. 设置模拟企业基础信息的设置（见图 6.7）

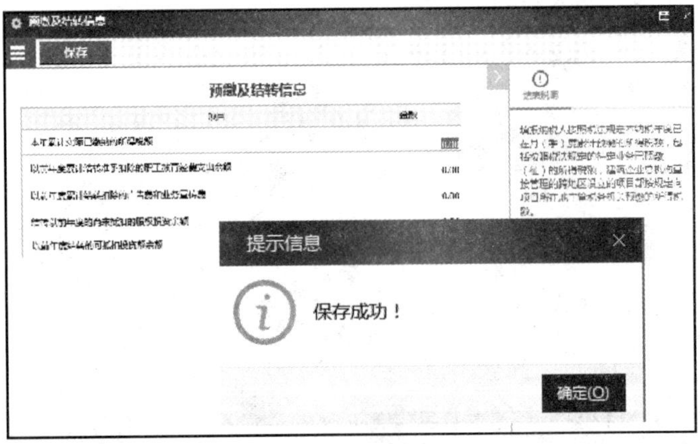

图 6.7　操作界面 2

6. 简化报表（见图 6.8）

图 6.8　操作界面 3

简化选表的功能包括：

（1）完成《企业所得税年度纳税申报表填报表单》简化填写。

（2）完成 43 张申报表的筛选（不是所有的报表都需要填写，不同的企业填写不同的报表），确定企业实际需要填写的报表项目。

7. 填写申报表（见图 6.9、图 6.10）

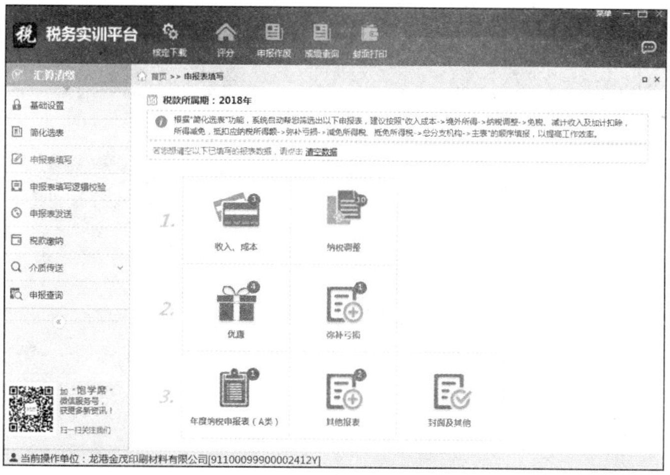

图 6.9　操作界面 4

图 6.10　操作界面 5

特色功能：跟随式填表说明。这不仅可以帮助学生更好地学习相关政策知识，也简化了填表难度。

8. 申报税务风险提示（见图 6.11、图 6.12）

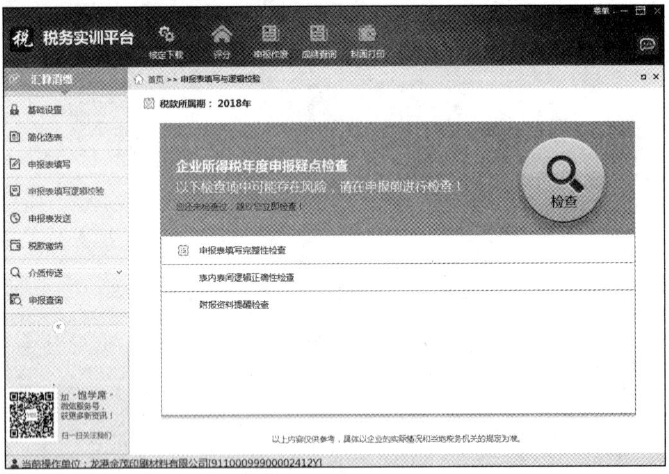

图 6.11　操作界面 6

图 6.12　操作界面 7

9. 申报表发送

纳税人必须将以上所有报表都填写完整以后才能进行申报表发送的步骤。申报表发送是将全部报表一次性发送至税务局，作为缴纳税款的依据。

10. 网上缴税

11. 评分（见图 6.13、图 6.14）

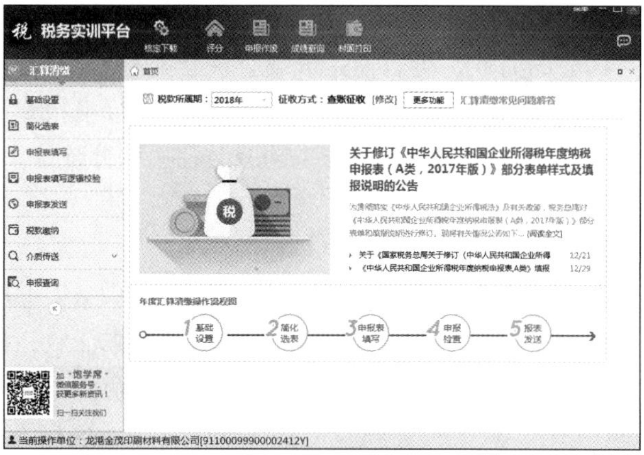

图 6.13　操作界面 8

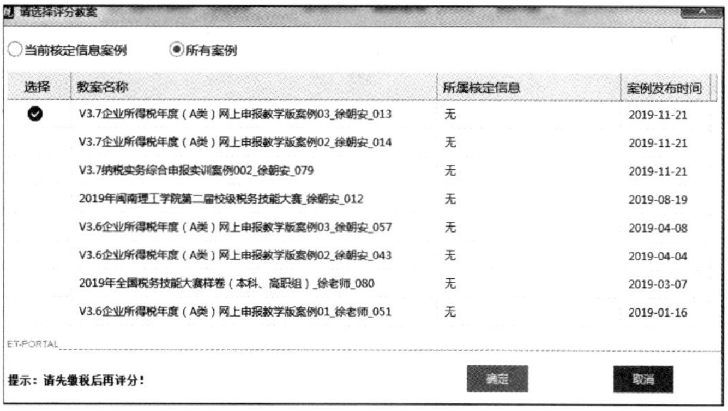

图 6.14　操作界面 9

评分时，要注意不能点案例，不能选错案例税款所属期。系统评分后如对实验成绩有疑问，可通过右上角的“成绩查询”功能进行错误知识点查询，进行有针对性的修改。

12. 查询成绩（见图 6.15）

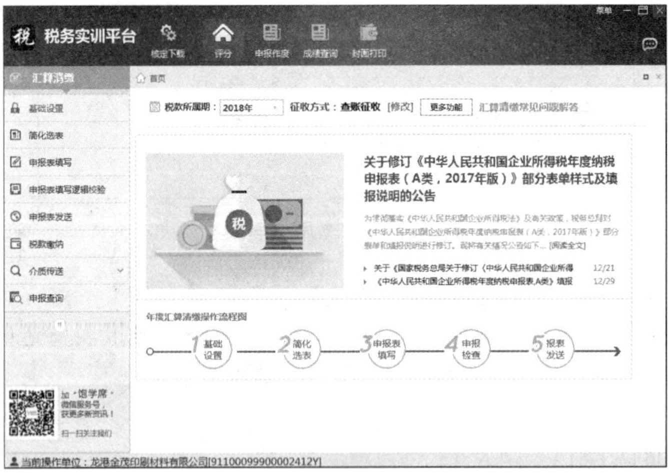

图 6.15　操作界面 10

当学生评分不是满分的时候，可以使用成绩查询功能查看错误的地方。

当学生申报完成后，发现错误需要修改的时候，先进行申报作废，再进行报表修改，然后按流程进行申报表发送—申报检查—网上缴税—评分统计。

（二）实验操作资料

1. 案例 1（对应系统案例 2）

华成科技有限公司是 B 市重点企业，税务登记日期为 2011 年 4 月 12 日，属于增值税一般纳税人，税务机关核定的企业所得税征收方式为查账征收，按照实际利润预缴方式预缴企业所得税。其他基本信息如下：非跨地区经营企业，非小型微利企业，非上市公司。资产总额 10 000. 00 万元，从业人数 1 200 人（无残疾人员、无国家鼓励安置的其他就业人员）。

股东信息：周林（中国国籍，身份证 33010119601112××××）投资比例 40%；李雪欣（中国国籍，身份证 33010119650506××××）投资比例 60%

公司适用的所得税税率：25%

所属行业：4119 其他日用杂品制造

会计主管：陈志鸿

适用的会计准则：企业会计准则（一般企业）

会计档案存放地：广东省广州市

会计核算软件：金蝶

记账本位币：人民币

会计政策和估计是否发生变化：否

固定资产折旧方法：年限平均法

存货成本计价方法：先进先出法

坏账损失核算方法：备抵法

所得税计算方法：资产负债表债务法（企业会计准则要求对企业所得税采用资产负债表债务法进行核算）

按税收规定比例扣除的职工教育经费8%、广告费和业务宣传费15%。

现进行该公司2019年度企业所得税汇算清缴，已经预缴所得税额1 826 581.38元，相关资料如表6.25所示。

表6.25　利润表

编制单位：衡信教育科技有限公司　2018年12月31日　　单位：元

项目	本月数	本年累计
一、营业收入	11 100 000.00	122 088 000.00
减：营业成本	5 153 000.00	61 644 240.00
税金及附加	854 415.00	10 025 301.00
销售费用	1 683 300.00	19 180 000.00
管理费用	1 280 000.00	15 332 000.00
研发费用		
财务费用	72 325.00	847 754.79
其中：利息费用		
利息收入		
资产减值损失		377 542.83
信用减值损失		
加：其他收益		
投资收益（损失以“-”号填列）	3 161 221.83	3 161 221.83
其中：对联营企业和合营企业的投资收益		
净敞口套期收益（损失以“-”号填列）		
公允价值变动收益（损失以“-”号填列）		
资产处置收益（损失以“-”号填列）		
二、营业利润（亏损以“-”号填列）	5 218 181.83	17 842 383.21
加：营业外收入		180 000.00
减：营业外支出		648 000.00
三、利润总额（亏损总额以“-”号填列）	5 218 181.83	17 374 383.21
减：所得税费用	1 304 545.46	1 826 581.38
四、净利润（净亏损以“-”号填列）	3 913 636.37	15 547 801.83
（一）持续经营净利润（净亏损以“-”号填列）		
（二）终止经营净利润（净亏损以“-”号填列）		
五、其他综合收益的税后净额		

表6.25(续)

项目	本月数	本年累计
（一）不能重分类进损益的其他综合收益		
1. 重新计量设定受益计划变动额		
2. 权益法下不能转损益的其他综合收益		
3. 其他权益工具投资公允价值变动		
4. 企业自身信用风险公允价值变动		
…		
（二）将重分类进损益的其他综合收益		
1. 权益法下可转损益的其他综合收益		
2. 其他债权投资公允价值变动		
3. 金融资产重分类计入其他综合收益的金额		
4. 其他债权投资信用减值准备		
5. 现金流量套期储备		
6. 外币财务报表折算差额		

具体报表资料如表6.26、表6.27、表6.28、表6.29、表6.30、表6.31、表6.32、表6.33、表6.34、表6.35、表6.36所示（注：金额单位统一为元）。

表6.26 收入明细表

一级科目	明细科目	金额	备注
主营业务收入	销售货物	121 200 000.00	
劳务收入	提供劳务	888 000.00	
视同销售收入	货物、财产、劳务视同销售收入	120 000.00	将库存商品90 000.00元用于市场推广，不含税金额为120 000.00元
营业外收入	政府补助收入	180 000.00	企业不能提供规定资金专项用途的资金拨付文件

表6.27 成本明细表

一级科目	明细科目	金额	备注
主营业务成本	销售货物	61 440 000.00	
劳务成本	提供劳务	204 240.00	
视同销售成本	货物、财产、劳务视同销售成本	90 000.00	

表6.27(续)

一级科目	明细科目	金额	备注
营业外支出	捐赠支出	500 000.00	通过市人民政府向灾区捐赠现金 500 000.00 元
	赞助支出	100 000.00	赞助校庆支出
	罚金、罚款	30 000.00	工商滞纳金 30 000.00 元
	其他	18 000.00	违反借款合同规定支付银行罚款 18 000.00 元

表 6.28 销售费用明细表

序号	扣除项目明细	入账金额	备注
1	差旅费	2 136 000.00	
2	广告费	17 044 000.00	本年发生广告宣传费支出 17 044 000.00 元，其中不符合条件的广告支出 44 000.00 元。广告费和业务宣传费支出按 15%扣除
合计		19 180 000.00	

表 6.29 管理费用明细表

序号	扣除项目明细	入账金额	备注
1	工资	6 888 000.00	
2	咨询费	1 050 000.00	
3	折旧费	250 000.00	
4	无形资产摊销	275 300.00	
5	办公费	1 700 000.00	
6	差旅费	1 150 000.00	
7	房租费	800 000.00	
8	基本社会保险	750 000.00	
9	资产维修费	450 000.00	
10	业务招待费	1 200 000.00	
11	其他费用	818 700.00	
合计		15 332 000.00	

表 6.30 财务费用明细表

序号	扣除项目明细	入账金额	备注
1	利息支出	500 000.00	
2	手续费	347 754.79	
合计		847 754.79	

表 6.31 税收优惠

一级科目	明细科目	金额	
投资收益	国债利息收入	1 503 021.62	
	股息	1 658 200.21	直接投资 B 企业（统一社会信用代码：913309002654082908）500 万元，占股 5%，2018 年 12 月 25 日 B 企业公布利润分配决定，衡信教育科技有限公司获得股利 1 658 200.21 元

表 6.32 资产折旧/摊销调整表

资产折旧/摊销调整表									
资产项目	会计				税法				调整额
	初始成本	折旧年限	折旧（摊销）额	累计折旧（摊销）额	初始成本	折旧年限	折旧（摊销）额	累计折旧（摊销）额	
办公设备	600 000	6	95 000	399 000	600 000	5	114 000	478 800	-19 000
生产设备	1 550 000	10	155 000	697 500	1 050 000	10	105 000	483 000	50 000
无形资产（专利权）	4 130 000	15	275 333.33	1 101 333.32	6 195 000（413 * 150%）	15	413 000	1 652 000	-137 666.67

表 6.33 资产减值情况表

准备科目	期初余额	本期计提	本期转回	期末余额
坏账准备	154 150.00	377 542.83		531 692.83

表 6.34 人工费用明细表

序号	费用项目	账载金额	实际发生额	税收金额	备注
1	工资支出	6 888 000.00	6 888 000.00	6 888 000.00	
2	福利费用支出	1 015 000.00	1 015 000.00	964 320.00	工资 14%允许扣除
3	职工教育经费支出	193 010.00	193 010.00	193 010.00	工资 8%允许扣除，超支部分可在以后年度无限结转
4	工会经费	137 760.00	137 760.00	137 760.00	工资 2%允许扣除

表 6.35 其他费用调整明细表

项目	会计	税法	备注
罚金、罚款	30 000.00	0.00	工商滞纳金 30 000.00 元
赞助支出	100 000.00	0.00	关联企业赞助支出 100 000.00 元
与收入无关的支出	120 000.00	0.00	给购货方回扣 120 000.00 元

表 6.36　企业所得税弥补亏损明细表

年度	盈利额或亏损额	备注
2013	86 000.00	
2014	25 000.00	
2015	1 695 600.00	
2016	2 805 822.00	
2017	1 865 800.00	

（三）实验任务

通过以上纳税申报数据形成纳税申报表依次保存，报表数据上报成功后，进入评分系统选择相对应的案例进行评分。

（四）实验操作资料

2. 案例 2（对应系统案例 3，老师根据实际情况选作）

志诚科技有限公司，成立于 2015 年 1 月 20 日，属于增值税一般纳税人，税务机关核定的企业所得税征收方式为查账征收，按照实际利润预缴方式预缴企业所得税。公司为非跨地区经营企业，非小型微利企业，非上市公司，主要从事软件开发、服务、培训等业务。

公司资产总额为 1 000 万元，总人数 535 人，皆为大专以上学历，其中研究开发人员 343 人。

股东信息：林飞（中国国籍，身份证 33010119601112××××）投资比例 30%；李东欣（中国国籍，身份证 33010119650506××××）投资比例 70%

公司适用的所得税税率：25%

所属行业：6511 基础软件开发

会计主管：吴立敏

适用的会计准则：企业会计准则（一般企业）

会计档案存放地：广东省杭广州市

会计核算软件：用友

记账本位币：人民币

会计政策和估计是否发生变化：否

固定资产折旧方法：年限平均法

存货成本计价方法：先进先出法

坏账损失核算方法：备抵法

所得税计算方法：资产负债表债务法（企业会计准则要求对企业所得税采用资产负债表债务法进行核算）

按税收规定比例扣除的职工教育经费 8%、广告费和业务宣传费 15%。

现进行该公司 2019 年度企业所得税汇算清缴，已经预缴所得税额 300 000.00 元，相关资料如表 6.37 所示。

表 6.37 利润表

编制单位：衡信教育科技有限公司 2018 年 12 月 31 日 单位：元

项目	本月数	本年累计
一、营业收入	28 000 000.00	75 238 200.00
减：营业成本	10 350 000.00	46 396 500.00
税金及附加	242 200.00	6 253 200.00
销售费用	600 000.00	7 135 000.00
管理费用	383 300.00	10 840 080.00
研发费用		
财务费用	28 000.00	-240 000.00
其中：利息费用		
利息收入		
资产减值损失	7 200.00	7 200.00
信用减值损失		
加：其他收益		
投资收益（损失以“-”号填列）	500 000.00	500 000.00
其中：对联营企业和合营企业的投资收益		
净敞口套期收益（损失以“-”号填列）		
公允价值变动收益（损失以“-”号填列）		
资产处置收益（损失以“-”号填列）		
二、营业利润（亏损以“-”号填列）	16 889 300.00	5 346 220.00
加：营业外收入		525 000.00
减：营业外支出		426 500.00
三、利润总额（亏损总额以“-”号填列）	16 889 300.00	5 444 720.00
减：所得税费用	4 222 325.00	550 372.25
四、净利润（净亏损以“-”号填列）	12 666 975.00	4 894 347.75
（一）持续经营净利润（净亏损以“-”号填列）		
（二）终止经营净利润（净亏损以“-”号填列）		
五、其他综合收益的税后净额		
（一）不能重分类进损益的其他综合收益		
1. 重新计量设定受益计划变动额		
2. 权益法下不能转损益的其他综合收益		
3. 其他权益工具投资公允价值变动		
4. 企业自身信用风险公允价值变动		
……		

表6.37(续)

项目	本月数	本年累计
（二）将重分类进损益的其他综合收益		
1. 权益法下可转损益的其他综合收益		
2. 其他债权投资公允价值变动		
3. 金融资产重分类计入其他综合收益的金额		
4. 其他债权投资信用减值准备		
5. 现金流量套期储备		
6. 外币财务报表折算差额		

2019 年年度报表资料如下：

1. 2019 年产品销售收入与成本如下：

（1）销售商品收入 65 190 000.00 元，销售商品成本 40 696 500.00 元。

（2）提供劳务收入 10 048 200.00 元，提供劳务成本 5 700 000.00 元。

2. 库存商品 100 000.00 元，作为福利发放给员工，商品的市场售价为 120 000.00 元，按税法规定公司已经按视同销售处理。

3. 处置固定资产获得营业外收入 25 000.00 元。

4. 自主研发项目获得政府资金资助 500 000.00 元，但公司没有单独核算收入与支出，入账“营业外收入-政府补助”。

5. 营业外支出明细：

（1）工商罚款 60 000.00 元，税收滞纳金 30 000.00 元。

（2）通过市人民政府向灾区捐赠现金 150 000.00 元；通过 C 公司向贫困地区捐赠现金 100 000.00 元。

（3）其他 86 500.00 元。

6. 期间费用明细表如表 6.38 所示。

表 6.38　期间费用明细表

费用项目	销售费用	管理费用	财务费用
工资薪金	2 500 000.00	1 877 300.00	
咨询顾问费		500 000.00	
业务招待费	1 320 000.00		
折旧费	15 000.00	23 300.00	
办公费		1 179 480.00	
房租费		650 000.00	
差旅费	3 300 000.00	600 000.00	
邮寄费		80 000.00	
费用化税金		50 000.00	
研发费用		5 000 000.00	

表6.38(续)

费用项目	销售费用	管理费用	财务费用
利息支出			-240 000.00
其他费用		880 000.00	

7. 直接投资A公司（统一社会信用代码：723329400723556363，非上市公司）5 000 000.00元，占股25%。2018年10月23日，甲公司公布利润分配决定，衡信教育科技有限公司获得股利500 000.00元。

8. 2018年度公司会计归集入账“A软件研发项目”费用化研发投入5 000 000.00元。其中：人员人工费用4 254 700.00元（直接从事研发活动人员工资薪金3 112 436.00元，直接从事研发活动人员五险一金1 142 264.00元）；研发活动直接消耗材料费用200 000.00元；用于试制产品的检验费50 000.00元；用于研发活动的仪器的折旧费120 000.00元；用于研发活动的软件的摊销费用375 300.00元。该项目研发费用都为国内发生的研究开发（备注：2019年企业研发费用全部做费用化支出处理）。

9. 固定资产净残值为5%，与生产经营有关的器具、工具、家具按5年计提折旧，电子设备按3年计提折旧，折旧采用平均年限法，无形资产按10年摊销，会计与税法无差异，资产明细如表6.39所示。

表6.39　资产明细

资产	资产原值	本年折旧	累计折旧
与生产经营有关的器具工具家具	833 157.89	158 300.00	728 180.00
电子设备	805 263.15	255 000.00	756 700.00
无形资产（专利权）	3 753 000.00	375 300.00	1 726 380.00

10. 公司以余额百分比法计提坏账准备，计提比例为5%。2018年期末应收账款余额为864 000.00元，其他应收款余额为520 000.00元，2018年期初应收账款坏账准备余额为32 000.00元，其他应收款坏账准备余额为30 000.00元。

11. 职工薪酬调整明细如表6.40所示。

表6.40　职工薪酬调整明细

项目	账载金额	实际发生额	税收金额	备注
职工薪酬	8 632 000.00	8 632 000.00	8 632 000.00	
职工福利费	1 349 300.00	1 349 300.00	1 208 480.00	工资14%允许扣除
职工教育经费	210 000.00	210 000.00	210 000.00	工资8%允许扣除，超支部分可在以后年度无限结转
工会经费	172 640.00	103 500.00	103 500.00	工资2%允许扣除
基本社会保险支出	300 000.00	300 000.00	300 000.00	
住房公积金支出	200 000.00	200 000.00	200 000.00	

12. 白条、收据入账费用 253 600.00 元。

13. 公司近 3 年盈利及亏损情况如表 6.41 所示。

表 6.41　近 3 年盈利及亏损情况

年度	盈利额或亏损额	备注
2015	459 600.00	
2016	106 900.00	
2017	1 250 300.00	

（五）实验任务

通过以上纳税申报数据形成纳税申报表依次保存，报表数据上报成功后，进入评分系统选择相对应的案例进行系统评分。